ars incognita

学入門

山内志朗
Yamauchi Shiro

慶應義塾大学三田哲学会叢書

目次

1　小さな倫理学のすすめ

古代ギリシアにおいては、正しい人は美しく存在すると考えられていました。国を救うような英雄は美しく高貴な存在であり、美しい魂には美しい肉体が寄り添うと考えられたのです。そして、美しい魂には美徳が宿り、その美徳の故に社会的にも高く評価されるようになっていて、そうした状態が秩序ある社会と考えられていました。英雄たちが理想のために闘い、美しく、栄光の中で死んでいく神話的な世界です。美しい肉体にこそ美しい精神、倫理性が宿ると考えられていました。

では、次のような人は倫理的な人と言えないのでしょうか。その人は、英雄や王者としてではなく、最下層に生まれついて、いつの間にか説教を始めるようになりましたが、最初の弟子は漁夫と職人であって、薄汚い姿のままで、貧しき人々の住む所をめぐり歩いて、取税人、娼婦、病人、子供など最も恵まれない人々と話を交わしました。

ところが、彼の言葉や振る舞いはとても高貴で威厳にみち、深い意味をもっていました。その語る言葉は、洗練されておらず、漁夫の言葉のように荒っぽく、素朴なものでした。

人々にとって修辞的・悲劇的な文学作品にもまして、感動的であり、強い印象を与える言葉で語られました。彼は犯罪者として裁かれ、嘲笑され、唾を吐きかけられ、鞭打たれて、極悪の卑《いや》しい罪人として十字架にかけられて死んでしまいました。神話にも映画にもドラマにもなりにくい姿がそこにあります。イエスの生涯です。

ギリシアでは、崇高な者が崇高な姿で現れそのように描かれました。キリスト教が登場して、崇高な者は卑しい姿で現れ、卑しく死んでいく姿が呈示されましたが、そのありえない転倒と倒錯によって、まったく新しい倫理がそこに生まれました。

一般には倫理的な人とは立派な人であり、立派な人は人々から認められ、出世し、栄光に包まれるとされています。立派とは、「馬子にも衣装」と言われるごとく、外面における高貴さを伴ったものとされています。いつのまにか衣装が素晴らしければ、立派な人と見なされる時代になりました。

倫理的になれという勧めは、悲惨と苦悩の中に入るためではなく、幸福と栄光と裕福になるためのものでしょう。しかし、幸福と栄光と裕福のうちに死する者は多くはないようです。倫理とは、恵まれた人々のためにあるものなのでしょうか。

倫理学は、古代ギリシアにおいては、政治学に進むための導入部分として考えられていました。倫理学は、人のなすべき行動と道を教える学問ですから、立派な人間になるための学問です。そうすると、倫理学は「……せよ」「……するな」「……すべし」というように、禁止と命令と義務で、上から迫ってくる学問ということになります。「上から目線の倫理学」と言い換えてもよいでしょう。「情報倫理」「企業倫理」「政治倫理」などの言い方には上からの目線が濃厚に含まれています。

現代では、複雑多岐な法律体系、日々を生き抜いていくために使いこなさなければならない機械と道具の操作マニュアル、会社や共同体に生きていくための規則、メディアやパソコンなどから供給される膨大な情報が、強制力をもって私たちに迫ってきます。法律であれば、規則として制定され、成文化した規範ですが、その点で、倫理は、成文化されていないために、法律の場合のように、違反を取り締まることはできません。とはいえ人々の内面に侵入し、内側から制御するとすれば、コストをかけずに社会の秩序を維持する効果を持っています。このような倫理学では、中心が卓越性（徳、アレテー）や正義に置かれます。

かたや、人間の弱さに眼差しを向ける倫理学もあります。古来、宗教者の中には、イエス・キリストや、中世の聖人フランシスコ、日本であれば親鸞などのように、「低くて、卑しい倫理学」を説いた人も少なくありません。蓮は泥の中に咲いて浄《きよ》し、と言われますが、低いところで泥の中に咲く姿に私は心惹かれます。私がこの小冊子で記したいのは、そういう倫理学、「小さな倫理学（ethica parva）」なのです。過ちやすきものとして人間を捉え、その過ちやすさを人間の条件として設定し、その過ちやすさこそ、倫理性の条件と捉えるものも、西洋中世倫理学の一つの姿です。そしてそれは東洋にもあります。

その過ちやすさの一つの姿が情念《パトス》なのです。情念を捨て去ることによって到達される無情念《アパテイア》が、古代のストア学派の理想と考えられました。そして、このストア学派の発想は、「克己」といった東洋的なものと結びついて、日本において「倫理学」というものへのイメージを決定してきたように思います。

「倫理」は人間の精神と身体に浸透して機能するものですが、浸透への抵抗性が心に宿ってしまっているように思います。倫理は響きからして人を上から叱っているような感じがします。「世の中に鈴虫ほどうるさきものはなしりんりといふて夜も寝られず」という狂歌があるほどです。「倫理」も「道徳」も大事なものです。ただ大事であっても、耳が逆らいます。

親の説教はどれも正しいものでありながら、とても聞きにくく、反撥《はんぱつ》の心がわきます。「朝早く起きなさい」など。倫理や道徳も似ています。「友達を大事にしましょう」「体の弱い人にやさしさを」。そういったセリフを子どものころから繰り返し聞かされていて、耳にタコができるほどです。そういうものを「耳タコ倫理」と呼びましょう。そういう倫理も衰えつつあるのかもしれませんが、それでも多くの人は何度も聞かされて成長します。倫理の重要性が語られれば語られるほど、アレルギーになって、それに反撥したくなるのです（「忠言耳逆らう」）。

もし「倫理」が人間の守るべき道を示しているとすれば、人々は倫理に敬意を払うでしょう。しかし敬して遠ざけることになりそうです。倫理学の歴史や思想を追うのではなく、日常の中に見出される倫理のタネを考えていきましょう。

《関連文献》

『アシジの聖フランシスコの小さき花』（石井健吾訳）、聖母文庫、一九九八年

2 欲望の倫理学

倫理学というと高潔な学問であると思われています。ところが高潔なものは近寄りがたく、普通の人間には関係ない存在です。倫理学をそのように神棚に上げて忘れておくのも賢明ですが、絶望の中で、死に場所を見つけることしか頭にないようなときに、目先に光

を見つけられるものが倫理学であってもよいと思います。泥だらけのときに、泥だらけの手で触れられるような倫理学、私が知りたいのはそういった倫理学なのです。

食べ物も衣服も欠如していた時代、これはほんの五〇年ほど前々の日本の姿でした。その時代において、物欲は悪であり、欠如したものを他人より強く求めることは争いになり、お互いに傷つけ合うことになりました。奪い合いになると、早い者と強い者が勝利を収め、戦利品を手にすることができます。

現代は〈もの〉余りの時代になっています。商品を求めて奪い合いになるのは、バーゲンセールのときくらいかもしれません。昔は〈もの〉の方が不足していたが、今では〈もの〉を求める欲望の方が欠如しているのです。

欲望が人間の行動原理であって、それを制御するのが倫理的行為の基本となる時代と、〈もの〉が過剰で、それを求める欲望の方が不足している時代において、時代に即した倫理学が欲望の制御を目指すものの姿というのは考えにくいことでしょう。〈もの〉が不足している、欠如の時代の倫理学と、〈もの〉が過剰の時代の倫理学を同じにしたければ、それもそれでよいでしょう。

荻生徂徠は私の好きな思想家です。彼の考えによると、言葉は時代の変遷とともに変遷し、先王の道（道徳）も変遷します（「世は言を載せて以て遷り、言は道を載せて以て遷る」

徂徠『学則』)。相対主義を説いているのではなく、もう少し大きな理論を考えています。私も不変にして普遍なる倫理法則など存在しないと思います。もちろん、「ない」と語る次元とは別なところに何かがあるのですが。

〈もの〉が不足していようと過剰であろうと、聖人であれ俗人であれ、人間は欲望だらけに見えます。だからこそ人間は救済されるべき存在なのでしょう。欲望のない天使であれば救済する必要はありません。人間の欲望のなかでも生理的なものは別として、それ以外のものは構成された人為的なものです。典型的なものが「嫉妬」です。人間は欲望まみれに見えながら、実際には欲望欠如症です。だから欲望を貪り求めます。人間は欲望を自分で生産できず、他の人からこっそり盗んできます。もしかすると、人間は欲望が欠如していて、それを隠すために欲望まみれの姿を取りたがります。やりたいことが見つからない人の方が圧倒的に多いのです。

嫉妬というのは他者から欲望を学習する機会なのです。嫉妬の相手をライバルとして見なし、勝ってみたいと人は思いますが、これは欲望を他者から学習した結果なのです。欲望とは基本的に最初は他者の欲望であり、主体は欲望に関しては空っぽです。空っぽの主体は、自分の欲望の体系を構成していかなければなりません。他者がいなければ欲望を学習することはできませんが、その際、その他者はライバルと見なされ、憎まれ、攻撃性を向けられることになります。嫉みも攻撃性もない人は欲望を持ちにくい人なのです。

あの人に負けたくない、と思える人は、欲望を学習する源泉を数多く有している人であり、豊かな欲望の体系を持っています。「負けず嫌いな人」というのはたくさんの他者を嫉妬できる人のことなのです。「欲望に関する真面目な勉強家」と言い換えることができます。これを資本主義の時代における欲望のあり方と狭く捉えてはいけないと思います。欲望と〈もの〉とを比較すると、現在は欲望が欠如した時代として考えるべきでしょう。だからこそ、高度消費社会ではあれほどコマーシャルが流され、必要でない商品を欲しくなるように駆り立てられています。そういう時代において、古代の倫理学に帰れ、というのは典型的な時代錯誤になってしまいます。

「自分探し」ということがよく語られます。リベラリズムの社会では自由に自分を選べという課題が課せられます。しかし自由な選択は、財産、所得、権利、健康、家族、能力、才能に依存するので、条件のそろっている人にとっての自由であったりします。夢は無限大で、制限のない自由があるというイメージを撒き散らかして得をするのは、一部の思想家と就職斡旋の会社だけではないでしょうか。自分にぴったりの職業がどこかにあって、それを探せなどというメッセージを発するのは倫理的に正しいのでしょうか。「儲かる者は常に正しい」と嘯《うそぶ》くべきでしょうか。適不適は初めから決まっているのではなく、その中で作り上げていくものでしょう。

〈私〉は〈私〉でしかありません。だから〈私〉はどこにもないにもかかわらず、あるかのごとく物語（レシピ）を造り上げ、それを実現するのに必要なものを集め、そのための能力を磨くことによって、目的（自分）を目指す行為の手前に、自分を作るしかありません。自分は、〈私〉の働きにいつも遅刻して現れる臆病な存在なのです。〈私〉を作ろうとする働きによってしか〈私〉は現れません。

ところが、人間は欲望にまみれた存在である、欲望を汚らしいものとして教え込まれます。重要なのは隠すべきことと顕《あら》わにすべきことを明確に区分することなのです。幼児は排泄物を親に自慢げに見せに来たりするけれど、それを区別できることが、倫理というハビトゥス（38頁参照）の重要な論点なのです。欲望なき人間は、倫理の外部にいます。欲望なき人間は、ホモ・サケル（聖なる人）であり、保護されるべき人ではありません。救済されるべき人でも、倫理によって守られる人でもありません。

消費ないし廃棄することが高度消費社会の美徳になってしまいました。世界の各地には飢えている人がたくさんいるというのに、この実態は残り続けています。欲望こそ金銭や物資・商品が流通するための原動力です。

欲望こそ、悪に傾斜していく発条であるとしても、同時に道徳性、社会性の基礎でもあるのです。欲望がなくなればもう倫理的にはなりえません。欲望をなくすのではなく、黒部ダムのようにため込んで制御し、創造的に使用することが「道」ですし、これこそ禁欲なのだと思います。欲望を失った倫理学はミイラのようなものです。

《関連文献》

ルネ・ジラール『欲望の現象学――ロマンティークの虚像とロマネスクの真実』（古田幸男訳）、法政大学出版局、一九七一年

ジョルジョ・アガンベン『ホモ・サケル――主権権力と剝き出しの生』（高桑和巳訳）、以文社、二〇〇三年

3 情念のない人間は倫理的なのか

ストア派においては、無情念《アパテイア》が倫理的な理想状態と考えられました。情念や感情は抑えようと思ってもわき起こってくるものですから、情念なしに生きることはとても難しいことなのですが、理想とされたのです。

ストア派が生きていた古代ローマの時代はいつ死ぬのか分からない状況にありました。戦争、災害、天候、飢饉、燃料不足などなど、未来において行為が報われるという基本的枠組みは前提にできない時代だったのです。未来が現在を保証するというのは、安定した状況でのみ成り立つことなのです。努力すれば報われる、そういう未来への希望は安定した平和な時代でのみ成り立ちます。戦乱の時代においては、今ここで死ぬとき、現世で救われるのか、死んでから救われるのか、という救済の道しかなかったように思われます。

健全な人間とは、精神がいかなる病的な魂の動きによっても惑わされない人々のことと考えるとすれば、逆に、心惑わされている人々のことは「不健全」と呼ぶ必要がある。

（キケロ『トゥスクルム荘対談集』）

情念の中には他者への攻撃性をむき出しにしたものもあります。そしてそういった情念は他者を傷つけるばかりでなく、自分をも傷つけたりします。だからこそ、昔から「人を呪わば穴二つ」と言われたのでしょう。呪いの害毒は他者ばかりでなく、自分にもおよび、呪いの後に残るのは二つの墓穴だというのは、人間らしい深い味わいがあります。呪いと恨みの中に生きる者は無時間的に生きます。眠る時間を惜しんで、過去の記憶を反復します。反復のなかで彼らは繰り返しに退屈することがありません。恨みとは無時間性の中で生きるために重要な技法なのかもしれません。

しかし、本来、呪いが他者と自己を滅ぼすためにあったとは思えません。他の動物を捕食したり、獲物を自分のものとするための競争としてあったのでしょう。〈もの〉が溢れる時代では、攻撃性は非文明性の表れですから、避けられます。スポーツのようにコード化された攻撃性か、戦争のように国家による大義名分を与えられた暴力だけが「正しい暴力」として生き残ります。

私的な場面で発揮されぬまま、心の中でくすぶり続ける攻撃性もまた自分を守るためのカサのようなものです。他者は、欲望の源泉として模倣されるべき、模倣の典型としての存在なのですが、そういった他者は愛と憎しみという対立する二つの感情が向けられます。もし他者を模倣しようという欲望が起こらなければ、人間は自分の世界の中に充足して、静謐な法則性の世界の中に住まうことになります。

他者と生きようとする人の世界においては、妄想も「物語」もカサなのです。空から降ってくる辛く苦しい土砂降りの雨、他者性の大雨をしのぐためのカサが必要なのです。しかし、ときとして妄想はカサとして役に立たずしかも自分のエネルギーを消費し、自分を破壊してしまうこともあります。しかし、パニックになっているときには、そうするしかありません。
いかなる情念も、その持ち主を苦しめるために存在し始めたのではなく、生きのびるための合理的反応として成立しました。もしそれが生き延びることと反対の効果を発揮しそうになるときには、それを制御する術《すべ》を覚えなければなりません。ストア派は、無情念ではなく、穏やかな《メトリオパティア》情念に自分たちの理想を変えたのです。情念を消し去ろうとするのではなく、共生しようとしたのは穏当な判断であったと思います。

激しい怒りのとき、突発的にとんでもないことを人はしてしまいがちです。突然石油をまいて放火したり、食卓をひっくり返したり、包丁を投げつけたりなどなど。あのおとなしい人が突然狂ったように暴力性や攻撃性を発揮したり、自傷行為に及んだりします。坂道を走って下ってきて、勢いがついて止まるに止まれない状態が似た状態として例に挙げられます。人間は愚かです。理性が働きません。

しかしながら、どのように激しい怒りも六秒以上続くことはありません。この六秒の間をどうやってやり過ごすのか、それが大事なのです。アンガーマネージメントという技法が最近紹介されていますが、この六秒間のやり過ごし方に光が与えられているのです。六秒過ぎると自制心や理性が呼び戻されますから、それを乗り越えなければならないのです。

病気が癒えるまでには時間がかかります。その間、待ち、耐えなければなりません。しかしそれは本人にとっても周りの人にとっても耐えがたい時間でしょう。「魔が差す」という言い方がありますが、その緊張に満ちた時間をやり過ごすためには、時間を稼がねばなりません。怒りの非合理性を合理的思考が制御することは困難です。修験道の呪文であろうと、神仏への祈願であれ、コンテンツをこえて、時間を乗り越える必要があるのです。病気による高熱を乗り切るのにただ時間が必要なときと同じように。

祈りであれ呪文であれ、それは時間を誰かからいただくことなのです。その間が怒りや病を癒してくれるのです。ひたすら時間が熟すのを待つしかないのです。時間が癒しなのです。

《関連文献》

キケロ『キケロ選集第十二巻　トゥスクルム荘対談集』(木村健治・岩谷智訳)、岩波書店、二〇〇二年

4 〈私〉という苦しみ

若いころは、食べたいものを食べるというよりも、食べられるものを口に入れる、というような生活をしていました。食べたいものがなかったし、食べたいものがあっても買えませんでした。そのせいか、ものの味わいなんて、感じたことがありませんでした。食べたくないものではないものを食べ続けていました。味覚に関してだけではありません。すべての感覚について同じことが言えました。〈私〉が私の感覚を信じられるのは、私が自信を持っている限りです。感覚を信じてよいという根拠はどこから得られるのでしょうか。

五十代も半ばを過ぎると、ものの味わいがしみじみと感じられるようになりました。牛乳を飲むと、なんて牛乳はおいしいんだ、ご飯をかみしめると、ご飯てこんなにおいしかったのだ、としみじみ思うようになったのです。何を食べてもそれぞれに味わいがあるのです。歳をとったということだけなのでしょう。

味わいや臭いは記憶に深く刻み込まれます。それは生き残りのための重要な情報を保存しておくためのものだったのかもしれませんが、現代の人間にとっては、郷愁の倉庫となっています。

記憶は残しておきたいものばかりでなく、二度と思い出したくないものも多いでしょう。しかも、その蘇った記憶は、過去の苦しさを再現しても仕方がないのに、これでもかとばかりに蘇ったりします。

フラッシュバックとして蘇ってきた記憶は、過去の再現にとどまるのではありません。ほんのささいな相手の言葉が、心的な色合いを数倍増して、心に刺さってきます。そのときの相手への憎悪たるやいかばかりでしょう。皿を何枚も投げ割ろうと収まらないぐらい、憎い、憎々しいのです。

そういったものが、幼児のときの親からの虐待である場合、親への復讐、自己への慙愧、そういったものが混じり合って、どうしようもないパニックが訪れる少女がいました。その苦しさを何度も何度も乗り越えながらも、ついに突発的に自殺に踏み入ってしまいました。いや、私はその人を責めているのではありません。そしてここで、どうやったら防げるのかを論じたいというのでもありません。以て瞑すべし。自殺に向かう人も深く傷ついているのであり、深く傷ついている姿を守りたいだけなのです。

記憶は罪深いものです。人間に過去と未来がなければ、動物と同じように現在しか持たないのであれば、人間ではなくなってしまうでしょうが、そういう贈り物を捨てて人間を止めれば、無垢の楽園に戻ることができるはずです。

人間は鬱状態になると、過去の記憶に苦しめられるばかりでなく、未来に押しつぶされてもしまいます。過去も未来も考えないで済ませようとすると、つまり時間があり余ってしまうと、私たちはどうしたらよいか分からなくなってしまいます。パチンコをしたり映画を見たりしても、朝から焼酎を飲んだりして考えないようにしようとします。しかし、過ぎてしまった時間をやり過ごせても、いつもこれからやり過ごさなければならない時間がずっと先まで続いていきます。死ぬまで続くのです。いや、もしかすると死んでも続くのです。大学に入ったばかりの私も、受験勉強が過ぎてしまって、都会の孤独の中で、そういった苦しみの中で生きていました。

どうやって時間をつぶしたらよいのか途方に暮れるのです。いや、時間をつぶそうと考えるとき、人は時間につぶされているのではないでしょうか。幸いなことに、今では人生が一〇〇〇年あってもやりたいことは半分もできないと思うようになりました。やりたいこと、そしてやるべきことが山ほどあるのです。

未来は予想がつかないものです。だからこそ、西欧の近世の人々は、国王貴族学者庶民に至るまで、ホロスコープに熱狂し、真剣にそれを信じ、未来を知ろうとしました。度を超した盲信ぶりには少し驚くところもありますが、ともかくも未来は五感への影響はないにもかかわらず、迫ってきます。ということは、未来を司る感覚があるのかもしれません。未来とは認識の外部にあるがゆえに、人間は知性の内部に取り込もうとしてきたわけですが、未来は常に逃げ去っていくものである以上、知性を超えたものによってしか対応することはできません。

コリングウッドは、人間は未来に向かって後ずさりしながら進んでいくというイメージを語りました。後ろにあるものに対しては、見たり知ったりすることができない以上、信じるしかないということがあります。

信じることは未来を持ち続ける能力なのですが、対象が存在しないために、倒錯した欲望になりがちです。買い物をしたい場合に、買いたいものがあるから買い物に行くのではなく、買いたい気持ちを持つために、買うべきものを探しに行くことになったりします。これは倒錯した特殊な気持ちなのではなく、未来に向かう場合にほぼ必然的にもつ感情なのです。なりたい自分に向かって未来に進むのではなく、なりたい自分を見つけるために、未来に進もうとしている自分のイメージを作り上げる必要がありますが、そのイメージを自分の内に作り上げるためにとりあえず未来に進んでみるのです。真っ暗な部屋の中で灯りのスイッチを探すために壁を触りながら進む状態、これが未来に進む人間の姿だと思います。暗闇での手探り（groping search）と言われるものです。

暗闇での手探りは、善光寺のお戒壇めぐりと似ているかもしれません。お戒壇めぐりであれば、阿弥陀様の光で救われた気持ちになりますが、人生というお戒壇めぐりでは、自分が光であることに気づかなければ暗いままということが少し違うと思います。

《関連文献》
ジャン＝ジャック・ルソー『孤独な散歩者の夢想』（今野一雄訳）、岩波文庫、一九六〇年（新潮文庫、光文社古典新訳文庫などもある）

5 世界の中心で〈私〉を叫ぶ

私たちは夜空を眺めるときも、船の上から大海原を眺めるときも、自分の視界の中心にいます。私たちはいつも視界の中心にいます。しかしこのことは、私たちが「世界の中心」にいることを意味しません。

いやいや、そういう考えの方が誤っているのかもしれません。中心は一つしかないと考えることが有限性に縛られているのかもしれません。〈私〉は世界の中心と考えてなぜダメなのでしょう。パスカルは、『パンセ』のなかで、宇宙とは中心が至るところにあって周辺がどこにもないような球であると説明しました。この説明は、西洋の昔から存在してきた神秘主義の流れにおいては、神を無限の球として捉える発想の中に現れます。
宇宙が無限の開放空間であるとすると、そこには中心はない、いやどこでも中心と言えるでしょう。〈私〉が世界の主人公であると思えるのは「幸せ」なことです。
「私」という世界の中心性、自己の唯一性、特殊性が過度に強調されることがあります。「私」のかけがえのなさとも言われますが、仏教では「我執」と言われてきたものです。生の苦しみは、自己性、個体性に由来するわけでそれを消去してこそ、生の苦から解脱することができると考えられました。近代以降、物資が豊かになり、生がそれほど苦ではなくなってから、自分から解放されようとする人は少なくなり、自分を見つけ、真の自分の中に解放を見つける人が増えたように思います。自分の重要性を過度に信じることも我執に他なりませんが、自分は生きるに値しない、くだらない存在であると考えることも、ネガティブな我執と言えるでしょう、
全く逆に、自分の権利ばかり主張したがる人、自分の考えを正しいものとして、人を押しのけて語ろうとする人々がいます。そういう人は、自分が世界の中心にいると思っています。

自分の利益が真の意味で何なのか、分かっているかどうか自分で考えないまま、目先の良さを追い求めてしまうのがエゴイストではないでしょうか。ちょうどバーゲンのとき、人々が争い求めるのを見ると、欲しくもないのに我先に買ってしまうように。

欲望はいつも他者の欲望です。人が欲しいものを自分でも欲しがってしまうのです。では、私たちは人間世界の中心にいるのでしょうか。幼児のときは親が何でも実現してくれるので、万能感に満たされ、自分が世界の中心にいると思いがちです。大人になっても、その全能感から卒業できずに、それを引きずったままの人がいます。それが悪いわけではありません。また、グローバル・スタンダードという言葉が普及してきて、自分の考えを声高に主張する人が増えてきました。これは「アサーション」という技法と言われています。

いや本当に、自分の考えを小さな声で主張しては、相手に軽く見られます。ですから、自分でもその主張に自信が持てなくなるために、大きな声で自分の声を主張することを教えるべきです。日本人は遠慮深く、奥ゆかしい民族として評価されてきました。ただ、本当に誉めことばだったのかは疑わしくて、制御しやすく、支配しやすいという意味で語られただけのことかもしれません。その意味では、日本人はアサーションということをもっと学ぶことが必要です。

とはいえ、日本人が声高に主張しないのは、意気地がないためというばかりではないでしょう。大陸の東に位置する島国で、しかもさまざまな民族が長い間にわたって住み着くようになった社会において、そして弱い立場の人はもはや逃げていく場所がなければ、自己主張の限りを尽くして闘わないとするのは、一つの生き方でしょうし、それが習い性となったのではないでしょうか。明治以降西欧化の道を進み、今でもグローバル・スタンダードの名の下に、日本的なものを捨てる方向へ多くの人が進むのを見るとき、悲しむ人は少なくないかもしれません。

日本的なハビトゥスであるのかどうかは別としても、自己の正しさをいかなる場合にも主張せよと身の処し方は、大きな問題を孕《はら》んでいるように思います。

なぜ人は自分の考えは正しいと、かなり無根拠に主張できるのでしょうか。自分は正しいという気持ちの中に汚らしさをなぜ感じないのでしょうか。古来、そういったものを感じ、人付き合いを厭った人も多かったと思います。そういった人々は数え切れないくらいいたはずです。声なき多数《サイレント・マジョリティ》は、夜空の星々のようです。

そういった生き方を意気地がない、甲斐性がないと非難し、進取の気性を発揮する人々もいます。そこには、他者に認められたい、他者に勝ちたいという気持ちがあるのでしょう。そういった人々は、他者に勝つことに歓びを見出し、勝負事をする人、議論をすぐふっかける人、突っ込む人と同じ仲間に入ります。

そういう人々に文句をつけたいのではありません。人の上に立ちたがり、目立つことを好み、権力や勝負の好きな人はいます。多すぎては困りますが、少なすぎても困ります。もしかすると、人間の徳とは、個人に宿る卓越性というよりは、無数に考えられる倫理的能力の集団的分布なのかもしれません。徳は本来個人に宿るよりも、共同体に宿るもののように思えます。特定の個人にのみ特殊な優れた能力が宿っても、共同体は維持できません。一人一人に多様な能力が備わり、一部の才能に偏るのではない、全体的な調和こそが、全体の善なのでしょう。もちろん、言葉の流通も、商品の流通も、貨幣の流通も、中心を求め、一つの流行を求めます。物事の流れをパターン化しないと、言語化できないのです。

求心性をもった言説が人々に分かったような感じを与えるためにいつも求められますが、事実は遠心的で、風や煙のように、姿を捕まえにくいものだと思います。誰も風を捕まえることはできません。

《関連文献》

西田幾多郎『善の研究』岩波文庫、一九七九年（講談社学術文庫などもある）

6　天使たちの倫理学

倫理が人間と人間の関係を扱うとすれば、愛や性の問題を避けて通るわけにはいきません。そういう倫理学が目立たないのは、肉体の一部は倫理的器官になりえないと思っている人が多いためなのでしょうか。やはり愛や性を扱わない倫理学というのは、天使主義的であるように思います。パスカルは、人間は天使になろうとすると、かえって悪魔的になってしまうと述べました。人間というのは、徹頭徹尾、無限者と無との間にある中間的な存在であり、そのどっちつかずの境遇に宿命づけられたのであり、それが極限を目指してしまえば、奈落に落ちてしまう危険性を示しているように思います。

天使というのは、欲望のない純粋な存在であり、欲望まみれで穢《けが》れた人間からすれば、人間が倫理的に目指すべき理想的境地のようにも見えます。しかしそういった憧れはきわめて危険であり、「天使主義的誤謬《ごびゅう》」に陥っていると指摘した思想家もいます（アドラー『天使とわれら』）。

西洋中世というのは、キリスト教信仰が日常生活に暗く重い影となって浸透していた時代と語られてきました。これは近世になって理性と光が世界に入り込んだとするために中世を貶めようとする意図が感じられますが、ともかくも中世からルネサンスにかけての絵画や彫刻には天使の形象がふんだんに見られます。それだけ馴染みのある存在だったのでしょう。

そういった時代において、倫理は神学者によって語られましたが、彼らは聖職者であり、独身のままでした。十七世紀以降、哲学者の多くも独身でした。近世までの西洋文化の大部分は独身男性によって形成されたわけで、そこには独身性が拭いがたく染みこむこととなりました。もちろん、だからといって愛と性は語られなかったということではありません。中世のキリスト教徒に義務づけられた告解は、内容については守秘義務があったはずですが、それにもかかわらず漏洩した内容も伝えられていて、それらの多くは性に関するものでした。

そして、聖職者においては性から離れ禁欲することが倫理的なことと捉えられていました。これは東洋や日本の宗教者にも当てはまることですから、特異なことではありません。しかし、生殖行為を禁じることは、性がいかに多くの問題と逸脱を引き起こすとしても、倫理的道徳的なこととは考えにくいわけです。宗教が非日常性の領域に属し、生殖と性が日常性の領域に属する以上、禁欲と宗教性が結びつくのは当然なのです。倫理性と非日常性を重ねてしまうことは、倫理と宗教を無邪気に重ねてしまうことになりえます。

しかし、倫理学が天使のための倫理学や上半身のための倫理学だけではなく、人生論を含み、現代においても神学者のように生きる人生が理想とされるのでない限り、我々は、愛と性と家族を避けることはできません。古代のグノーシス主義も、天使の倫理学を目指し、危険なる邪宗に陥ってしまったことは思い起こすべきです。

そして、愛と性が倫理学の教科書に触れられずに済む問題ではないと思います。もしこれまでの倫理学がそういった問題を回避してきたとすれば、これまでの倫理学は天使主義的だとは言えないでしょうか。

動物がつがいを作るとしても、生存の一時期のことです。人間の場合は、子どもが成長するまで続きます。生殖が子育てまで含むとしますと、人間の夫婦というのは、性を伴わない生殖を安定的に長期間維持しなければならないということもあります。これは難題でしょうが、家族を形成するようになった人間には対処しなければならない問題として課せられます。

性における逸脱行為を「不倫」と言いますが、これは面白い表現だと思います。「性的逸脱」が特に人の道に反する非倫理的な行為の代表例となっているのです。しかし、不倫は倫理学で責められたりはしていません。倫理学の教科書はたくさんありますが、それには触れられてはいません。フリーメーソンのように、それを隠蔽して守ろうとする「男性中心主義」が秘密結社のごとく、薄暗い世界で守り受け継がれてきました。セクハラや不倫があれほど社会で弾劾され、社会的地位が次々と剥奪されようと、性的な力が政治的権力と結びつけられてきて、それを指導力や甲斐性として守ろうとする人々は残り続けています。

我々は、天使のようにすべて中性的存在となり、性的欲望から離れて生きるべきなのでしょうか、昼間は性的欲望のおぞましさを呪いながら、夜になると闇夜に紛れて黒魔術のごとく性欲を謳歌する二重性を背負って生きるべきなのでしょうか。

性的欲望にとらわれない存在は天使的存在です。それが倫理的に理想状態なのかとなるとこれまた肯定しにくいところがあります。聖アウグスティヌスは性的欲望を原罪と重ね、それを徹底的に弾劾した人です。性的欲望が原罪であるというのは、人間とは天使ではなく、誰でもその欲望に徹頭徹尾苦しめられることを語っています。

人間だけが原罪を背負っていることは、人間の呪いであるばかりでなく、動物とは異なって、人間だけが救済されることの条件になっているように思います。原罪を背負うことが、人間が倫理的存在であることの条件と言えると思います。

人間は「意識の審級」において考え、その場面で考えきれないことに苦しみます。倫理は、予定調和によって、意識の審級の中に収まることが決まっているわけでありません。いくら考えても分からない事柄が倫理には含まれています。主知主義的倫理学は、あらゆる倫理的問題は知性によって対処できると考えるかもしれませんが、私はそういった見方に賛成することはできません。

性的領域は倫理が大きな意味を持つ領域ですが、合理性によって決着がつくわけではありません。私がここで考えたいのは、性的欲望＝原罪を背負っていることは、呪われた業苦であるばかりでなく、人間の倫理性の条件ではないか、ということです。罪を担い、罪を意識するものしか倫理的になりえないし、救済の対象にはならないのかもしれません。動物の欲望は、すべてを神から与えられたものだけからできあがっているので、神的であり、清らかであり、完全であって、救済される必要はありません。すでに救済されてしまっているのですから。人間の欲望だけが、醜く、不完全で、改心によってのみ倫理的なものになりうる、ということは悲観主義の人間観を西洋全体に押しつけたと言われますが、そうとばかりは言えないと私は思います。

アウグスティヌスの徹底的な罪悪中心的人間観と、東洋的な開放的快楽主義は馴染まないと、宴会ではよく語られます。しかし、東洋の倫理と西洋の倫理を分離したままにしておいてよいのか、いつも悩んでしまいます。ただ、欲望も罪悪もなくなれば人間は人間ではなくなってしまうのは確かです。罪を脱ぎ捨てるために、常に罪をまとい続けることを愚かとは呼びたくありません。

《関連文献》
M・J・アドラー『天使とわれら』(稲垣良典訳)、講談社学術文庫、一九九七年
アウグスティヌス『告白』(全三巻、山田晶訳)、中公文庫、二〇一五年

7 偶然性を問うこと

人生は偶然性に翻弄されます。予想もしていなかったことが思いがけないときに待ち受けたりしています。「明日ありと思ふ心のあだ桜夜半に嵐の吹かぬものかは」という親鸞の言葉はその側面を端的に表現していると思います。

偶然性は知識の対象にならないと述べたのは、アリストテレスですが、十九世紀以降、人間精神や人間の歴史も知識の対象になると考えられるようになりました。自然科学以外に、社会科学や人文科学という領域が考えられるようになってきました。

実体と本質、馴染みのある言葉ですが、両者の違いは何なのでしょうか。哲学的概念の源泉は、古代ギリシアにあり、哲学用語は本来ほとんどがギリシア語です。「実体」と「本質」はともに「ウーシア」ですが、これを造り上げたのは、万学の祖アリストテレスです。

アリストテレスの曖昧さが後の哲学に多くの混乱を残したと言われています。ウーシアという一つの言葉は、二義性を有するものと考えられ、文脈に応じて、ラテン語でスブスタンティア（実体）とエッセンティア（本質）と訳し分けられたのです。

アリストテレスは、主語や述語といった概念も、哲学の基本概念をほとんど一人で造り上げました。その哲学体系はきわめて完成度が高く、汎用性を有していました。だからこそ、西欧だけでなく、アラビア世界に継承され、大きく発展し、それが西欧世界に中世に入り、その後近世を経て、世界中に広がっていったわけです。近代とともに、アリストテレスの目的論的世界観は追放されたと考えられていますが、学問上の概念の多くはアリストテレス由来のものが今でも多く使われているのです。今から見ると間違いが多々見出せるとしても、彼は人間離れした天才でした。

偶然性は、アリストテレスの中では二次的なものと考えられました。偶然性にこだわった日本の哲学者に九鬼周造がいますから、彼の整理を使います。九鬼によると、偶然性は三種類に分かれます。一つは、「めったにないこと、稀であること」（定言的偶然）です。これは事物の本質に含まれていないけれど生じる、珍しい状態です。四つ葉のクローバーを考えればよいでしょう。二つ目は、「自ずと生じる場合」（仮説的偶然）です。川沿いの道を歩いていたらオニグルミが落ちてきて、コツンと頭に当たったたような場合です。これは理由もなく、まぐれで生じる場合です。「ばったり出くわす」と考えてみてもよいでしょうが、いずれにしても理由も目的もなく生じています。三つ目は、「わくらばに」という語で表現されるものだと九鬼は説明します。人間がこの世に生まれる場合、虫、鳥、獣などとして生まれる可能性もあるわけで、つまり複数の選択肢の中で、たまたま一つのものが割り振られてこの世に到達します。「わくらばに人とはあるを」「たまたまにうけがたき人界に生まれて」というのも同じ偶然性を表しています。九鬼が描きたかった偶然性は、袖を振り合うような縁の世界だったのでしょう。

偶然性は、倫理学ではあまり論じられてきませんでした。幸運や不運は、善悪で裁くことができませんし、予測がつかないので学問的に論じにくいのです。

アリストテレスは、偶然性に左右されるのではなく、倫理的能力を形成することで社会的に成功する道筋を呈示しました。ストア派とは全く異なる道行きをします。徳＝卓説性（アレテー）の理論が、アリストテレス倫理学では中心となりますが、あくまで偶然性を統御し、乗り越えていくのが彼の倫理学なのです。アリストテレスの倫理学において、「あきらめ」ほど似合わない言葉はありません。いかなる困難も天才的な知性があれば、情念がいくら後ろから足にからみつき、歩みを阻み、つまずかせようとしても、払い除けて前に進むことができます。残念ながら、私たちはアリストテレスではありません。

偶然性は認識できないものですから、制御しにくいものです。アリストテレスは偶然性を知識に組み込めないものとして排除しようとしました。彼にとって認識できないものは不要なものでした。偶然性は、制御できないものである限り、排除されるべきもの、付随的なものと捉えられてきました。しかし制御できようができまいが、人間の技を超えていようが、人生の善悪を決定しているように思えます。むしろ、偶然性こそ人生の主役なのではないでしょうか。哲学は本質ばかり追いかけてきましたが、小説に描かれているのは偶然性の方です。本質は一般的なもので、偶然性こそ個別的なものです。皆と同じ人生にこそ、人生のすべてがあるのでなければ、偶然性は無視できません。

本質が一般的なものとしてある限り、標準、スタンダードとして流通します。テレビのホームドラマは、暖かくて会話に満ちて、笑顔に溢れた家族を描きます。しかしそんな家庭はどこにあるのでしょうか。テレビに流通しているものが普通ではないのです。そういう団欒が偶然性として時に現れることに出会い、それが続くことを時に期待してしまいます。しかし実際は、宿題に追われたり、父親や母親が残業だったり、誰かが病気だったり、サラ金に借金があったり、同居の祖母が病気だったり、実は笑顔だけでは済ませない日々が普通のことです。日常は、八割の渋顔と、一割ずつの笑顔と泣き顔から出来上がっています。

そういった「明るい家庭」が標準であって、会話のない暗い家庭を異常なものと思うように押しつけられています。戦前は食事の時は会話をしてはいけませんでした。それは西欧においてもそうです。食事は無言でするというのが家庭での標準作法だったのです。

偶然性を排除して、本質だけの現実を求めようとするのは、天使主義的な誤謬なのです。偶然性から得られる成果や所得を独占してはならないと考えるのが、正義論で有名なジョン・ロールズ（一九二一～二〇〇二年）です。

ロールズは、生まれつきの才能、初期の社会的地位、生来の資産、才能の分配、人生の途上で出会う幸運や不運といった偶然的諸事情から得られる便益を独占して、他者を顧みないことを非難します。つまり、偶発性を濫用してはならないと説きます。

言い換えると、初期条件の偶発性によって、人生の成功と不成功が初めからほとんど決まっているような「出来レース」に、各人の人生を貶めてはならない、ということです。リベラリズム的正義論は、出来レースを嫌います。勝ち組よ、威張るな、人間よ、傲るなかれ。

「自由」とは、神の予定によるのであれ、社会制度の保守性によって、人生を出来レースにしてはならない、という主張なのです。人生が初めから決まっているのであれば、人間はこの世に生まれてくる必要はありません。決定論は倫理学を破壊します。生まれてみないと分からないからこそ、人生は生きるに値します。したがって、偶然性を濫用するもの、相続財を濫用する者は、人生が生きるに値すること、つまり人生の価値を頭から破壊しているのです。

《関連文献》

九鬼周造『偶然性の問題』岩波文庫、二〇一二年

坂部恵『不在の歌――九鬼周造の世界』TBSブリタニカ、一九九〇年

8　ハビトゥスを歌うこと

私が倫理学で語りたいことと言えば、ハビトゥスに始まりハビトゥスに終わります。倫

理学はハビトゥスだと思うのです。私が語りたいことは「ハビトゥス」に尽きるのであり、ハビトゥスこそアルファにしてオメガなのです。

ハビトゥスとは何でしょうか。一言でいえば「習慣」なのですが、そう訳してしまうと抜け落ちてしまうところが山ほどあります。habere（持つ、所有する）というラテン語の動詞がありますが、ハビトゥス（habitus）はその過去分詞でして、「習慣、習態」などと訳されることが多いものです。ところが、「習慣」では、朝顔を洗って歯磨きするようなことの次元に収められそうです。ハビトゥスは能力と考えられるべきだと私は思っています。たとえば、英語や日本語を話すこともハビトゥスですし、泳いだり自転車に乗ることもハビトゥスなのですが、それを「習慣」と訳してしまうと奇妙になります。そして、愛もハビトゥスの典型例なのですが、それが「習慣」と訳されてしまうと、結婚式での愛の誓いは、口癖と同等のものとなり、随分安っぽくなってしまいそうです。

ハビトゥスは、habere（持つ）の過去分詞ですが、もっと正確に述べるとse habere（己を持する、である）という再帰動詞の過去分詞なのです。ですから、ハビトゥスは「持たれたもの、所有物、衣服」という意味ではなく（そういう意味で使われることもありますが）、己を或る状態に保ち続け、それが反復によって自然本性に近い状態になり、苦労しなくても現実に行動に表すことができ、それが安定した能力として定着していることなのです。

「習慣は第二の自然である（habit is second nature）」という諺がありますが、経験が反復によって、その人に定着し、その人の人格に染みこんだものがハビトゥスと言えるでしょう。

デカルトは「我思う、故に我あり」と述べ、人間の顕在的思考能力に人間の本質を措定しました。もっとも、より正確に述べれば、「我疑う、故に我あり」と表現すべきだったのですが、それは素通りしましょう。パスカルも、「人間は考える葦である」という、これまた彼の本心とは少しずれる言い方で表現してしまいました。パスカルは、哲学的に思考する自分を「考える葦」として表現し、しかもその立場にとどまっていてはならないと考えて、『パンセ（キリスト教護教論）』を著しました。

哲学は「考える」ことを基本としますが、それにとどまっていてはならないとパスカルは説きます。考えることはそれだけでは不十分なのですが、不十分であるにもかかわらず背負いきれない重しとなって人々の心にのしかかります。倫理学は、「考える」ことと同じ程度に、いやそれ以上に「感じる」ことを基礎とします。そして、この「感じる」ことは、そのつどそのつどの感覚的なものにとどまらず、反復と練習によって身についた「感情」によって能動的に感じられることを含みます。

感情もまた何度も経験され、教育され、訓練されなければ身につきません。感情もまた能力なのです。愛も恩も義理も、自然と身につくものではないのです。「人情」は自然本性に由来するものですから、教育はそれほど必要ないかもしれませんが。考えることは「意識の審級」に帰属する働きです。感情は「ハビトゥスの審級」に帰属する事柄です。そして、倫理学は、このハビトゥスの審級に、根の大部分を張り巡らせています。

記憶は思考には有益な情報を提供してくれますが、情念には苦しみの反復を強制する場合も少なくありません。苦しい記憶はもう不要になっても、忘れられることもなく、記憶にため込まれ、しかも死ぬまでため込まれ、骨になるまで保存し続けるために管理していかなければなりません。記憶は未来のためにあるのであって、裁くためにあるものではありません。記憶は未来の悪を予防するために存在しています。だからなのでしょうか、記憶は楽をもたらすよりも、苦しみを与えるのです。

ハビトゥスとは「己を持する能力（potentia se habendi）」のことです。己を持するのは簡単ではありません。外面によって支えられなければ、内面はぼろぼろとこぼれ落ちてゆきます。拾い集める力がなければ、それは短時間に崩れていきます。拾い集める力とは、秩序を維持する力なのですが、内面からのみ出てくるものではありません。礼楽刑政のように外面に秩序のあるものが内面化され、内面の秩序を維持できるようになって、そこには保持可能なものが現れるのです。外的な権威が人間の内面にまで入り込んでいることをフーコーは告発しましたが、外的な秩序に染まっていない内面は、残虐なイノセンスに崩落していくだけではないのでしょうか。秩序なきアナーキーをユートピアと考えるのは無邪気すぎるように思えます。

外的な秩序に依らない内面の修復は不可能なのです。引きこもりに入った青年が、自分一人で秩序を修復ないし創造し、外部の社会に復帰することは、ありうるにしても稀なことのはずです。大きな世界に入る前に、小さな領域でのハビトゥス（立ち居振る舞い）を形成するのは大事な段取りです。

人生を歩む人間は世界と仲たがいするばかりでなく、自分自身とも喧嘩ばかりしています。人生を生きやすくするためには、何よりも自分と仲直りする必要があります。その仲直りに必要なものこそ、ハビトゥスだと私は思っています。

《関連文献》

山内志朗『〈つまずき〉のなかの哲学（ＮＨＫブックス）』日本放送出版協会、二〇〇七年

9　風や流れとしての〈私〉

埴谷雄高は自同律の不快を語りました。自分が自分であることの息苦しさを語りました。そういう苦しみを多くの人が感じているわけではないでしょうが、その苦しみを感じる人は少なくありません。自分のかけがえのなさ、唯一性に息苦しくなってきてしまうのです。この自分は、私は世界に対して吹き出物のような存在しかないのではないか。存在する必要はないのではないか、そう感じる人は多いように思います。

四国霊場巡りの時には「同行二人」と袈裟に書くそうです。たとえ一人で巡礼するとしても、弘法大師が一緒に回ってくれるからと言います。「唯仏与仏」という言い方もあります。仏と仏とが会っているということなのですが、これは何を意味しているのでしょうか。自分は一人ではないということです。神秘主義のモチーフに、「神は自分自身に自分自身よりも近い」というものがあります、それは自分はいかなるときでも、自分一人でいるときもひとりぼっちではないということ、見捨てられていないということです。

ハンナ・アーレントは「一者の中の二者（two in one）」ということを語りました。自分というのは、自分の中にいるもう一人との対話だというのです。自我が分裂し、自分以外の声が頭に鳴り響くということではなく、自分と良心との対話、良心の呼び声であるというのです。ギリシアのソクラテスも、内なるダイモーンの声に応えようとしました。このダイモーンというのは、守護霊のことですが、現代的に考えれば良心に対応します、自分は一人ぼっちの声のない状態ではなく、たとえ一人であっても内なる対話があるというのは重要な発想だと思います。

「私」というのは、自己同一性を強固に有する鉄の玉のようなものではないはずです。鉄の玉のようであれば、どんな苦難にもつぶれることなく、形も変わりません。そういったガチガチの「私」ということは、近世プロテスタンティズムの求めた自我の理想であると語られます。神より与えられた使命をぶれることなく遂行する自我なのですが、そういった自我は現代では稀かもしれません。

自分とは、「風、ゆらめき、流れ、息吹」のようなものではないのか、そんな風に私は感じます。ギリシア語でプネウマとは、「空気、息、霊」といったものです。プシュケーとは「魂、生命」の意味です。霊と魂とは似たようなものにも思えますが、ギリシア以来、霊は普遍的なもので、魂は個別的なものでした。風や霊が淀み、情念《パトス》として沈澱した状態が魂なのかもしれません。しかし精霊流しを見ていると、魂もまた流れではないのか、風のごときものではないのか、といつも感じていました。

こだわりが心をゆがませ、ねじ曲げてしまう。しかし、ねじ曲がりのない素直な心が仕合わせなのか分かりません。生まれ落ちることがこの世に大きなゆがみをもたらすことだとすればどうなのでしょうか。存在することとはゆがみと同義ではないのでしょうか。生命も特異点ではないのでしょうか。

ギリシア哲学以来、西洋哲学は同一にとどまるものを実体として求め、探求してきました。人間に関しては、魂が実体とされてきました。魂が、生命原理であるとともに、精神的、認識的、欲求的能力の座と考えられてきたのです。そして、魂は自分が自分であることと、自己同一性の核でもあるとされてきました。

ウーシア（実体）とは、「真実在」とも訳されますが、或る事物の本当の姿であり、「……とは何か」という問いの答えとして与えられるものであり、本当の意味で存在するものと考えられました。

東洋は、そういったものを「空、無、無常」などといった概念によって相対化しようとしました。私の頭は、東洋の思想と西洋の思想によって分裂させられていて、洋学者になって、私の半分が西洋のものを礼賛しようとすると、いつも東洋の私が反撃するという争いの中で生きています。

東洋と西洋との対比が思想史の定番となる枠組みですが、イスラーム思想は東洋の思想であることを見ると、そしてアリストテレスがイスラーム世界に伝わり、それが再び西洋に戻っていく姿を見ると、東洋対西洋という図式で考えることが硬直した枠組みではないかという気にもなってくるのです。アリストテレスは、実体という堅固で安定した自己同一性を有する存在者を基礎とした哲学を打ち立てたと整理されるのですが、アリストテレスの言う実体も、実は流動的なものであって、もう少ししなやかなものではなかったのでしょうか。

安定した自己同一性を持った「私」、自分ということにも居心地の悪さを感じてしまいます。だからこそ、埴谷雄高が「自同律の不快」を語るとき、強い共感を覚えてしまうのです。

「心（こころ）」というのは、和語で考えると、精神の働きが固まり、崩れにくい形にまとまった状態を指しています。「こる」結果なのであり、したがって「肩こり」「煮凝り」「氷（こおり）」と語源的に重なっているのです。「心」と「煮凝り」が語源的に同じというのは面白いことです。心も、「私」というのも、肩こりのようなものなのです。解きほぐして消されるべきものかもしれません。人生という肩こりを早くほぐしてみたいと思ってしまいます。

《関連文献》

埴谷雄高『不合理ゆえに吾信ず』現代思潮新社、一九七五年

ハンナ・アーレント『精神の生活』（上下、佐藤和夫訳）、岩波書店、一九九四年

10　過去が苦しめ続けること

過去を変えることはできないと考えられています。してしまったことは取り返しがつかない、後悔しても仕方がない、というのはよく使われる言い方です。「あのときどうしてそうしなかったのか」という後悔の思いが何度も何度もわき起こります。朝まだきの暗い中での後悔の思いは、心を針のごとく何度も刺します。

しかしながら、記憶とは人間を苦しめるためにのみ存在しているとは考えにくいのです。記憶は過去を悔恨するために存在するのではなく、未来への希望を持つための器官だったはずです。年老いて、未来を持たなくなった老人は、記憶を未来への希望の器官としてではなく、過去を永遠に後悔するための苦痛の道具として使用することを劫罰として甘受し

なければならないのでしょうか。

生老病死を四苦として受け止めるのが人生であるとすると、人生は修行の過程であって、快楽や幸福を求めるためにあるというのは、環境に恵まれた者の「甘え」でしかないようにも思えます。人生は幸福になるためにあるのではない、これはこれで真理であるように思います。老人は未来に死を待ち受けているのであって、幸福や快楽を待ち受けているわけではありません。

ただ、時間というものが、人間を退屈の内に苛む苦渋の贈り物でないとすれば、そこには希望の器官としての性質も存在しているように私は感じます。過去と未来は結託して、現在を育てます。もし過去と未来が共犯関係にあるとすれば、未来を育てることによって過去を変えることができるかもしれません。

「過去を変える」とはどういうことでしょうか。世迷い言を語っているのでしょうか。人生が原子のように存在する個別的事実を積み重ねたものであるとするならば、つまりt_1という時点にF_1が生じ、t_2にF_2が生じたとして、人生とは$\{F_1t_1, F_2t_2, F_3t_3, F_4t_4, F_5t_5, \cdots\}$というような人生原子（vitacula）の集合なのでしょうか。未来は含まれないのでしょうか。出来事のつどそのそばにいた人間はそこに関わらないのでしょうか。いやそもそも人間の行為は未来の目的から独立に記述できるものなのでしょうか。階段をのぼる行為としては同じでも、絞首台にのぼる上昇と、栄光の冠を戴くための上昇は同じではないし、死に場所を探してあたりを迷い歩くことと、新緑の緑に誘われて公園を迷い歩くことでは、同じとは言えません。物理的行為として同じであっても、人間の行為としてみれば変わってきます。目的もなく迷い歩いた人生も、未来に目的が登場すれば、過去の歩みが有意義な人生修行に変じることはないとは言えません。

知人の過去における理解できない行為が、大人になってから、両親を焼死に至らしめる放火の準備であると知るとき、過去が変化し、相貌を改めるように、過去の出来事は、未来に対して、同じ出来事として存在し続けるわけではありません。過去の出来事が、未来の目的に結びつきを持つようになるのは、過去と未来との絆となる物語が示され、人間的行為の連鎖が立ち現れるときです。復讐の目的が現れるのか、過去の行為への糾弾が生じるのか、その現れ方は多様なのですが、事実を意味づけられるのは、過去に関してであれ未来に関してであれ、「なぜ?」という問いに対して答えを与えることによってです。「なぜ?」という問いに対して与えられる答えが「理由」と言われるものです。事実はいくら積み上げられてもそれだけでは「理由」とはならないことが多いのです。

人生とは、事実だけから構成されるよりも、「なぜ?」と問われて答え=理由が与えることができるような出来事からできあがっています。そして、「理由」は、現在の時点に身を置いて見出される善のうちから得られるものではありません。未来に仮想的な視点を定め、そこから過去を見たときにこそ、より見晴らしの効く眺望を得ることができるのです。

希望や勇気というのは、未来に視点を置いて眺められる能力のことだと私は思います。生きる勇気があれば難局においても可能性は開けてくるかもしれません。これは事実を超える真理と言えるでしょう。事実は事実のままであり続けるだけなのですが、この事実を超えて真理であるものが、理念と呼び習わされてきたものなのです。過去は変えられるというよりも、姿を改めるのです。

人間は未来と関わることがとても苦手です。未来を育てること、それはどうすればできるのでしょうか。もし未来を育てられれば、過去を変えることもできるのではないでしょうか。過去の記憶は、捨てた方がよいものでも持ち主を苦しめながら、残り続けるのは未来のためなのです。事柄としては、未来が過去の記憶を統御すべきです。

私たちが今ここで苦しんでいるのも、今ここで苦しむためのものではなく、未来に苦しまないためです。情念は半ば以上未来への器官なのです。

信仰、希望、愛とは昔から未来への原理でした。五〇歳を過ぎてからの人間は、未来を持たず、死を待ち受けるばかりの暗い日々の中で生きていると考えられています。若いころは夢があっても、五〇歳を過ぎると、夢のない日々を過ごすというのです。若者と年寄りのどっちに夢が多いのか、断言できる人はいるのでしょうか。五〇歳を過ぎても、いや死ぬまで自分を見つからぬまま探す必要があります。自分を探すことは未来に後ずさりしながら進むことなのですから。

二〇代での自分探しであれば、職業、恋人、住む場所、家族、結婚などなど、社会の肩書きを逃れたところに自分を探せます。人生も途中までは、社会的な肩書きや家系のつながりやらで生きていけます。死ぬ前になるとそういった希望も潰えます。

しかし、人生の幸福とは、金でも名誉でもなく、快楽でもないと思います。愛しか幸福とは言えないというのは、いくら地に着かない、根も葉もない、絵空事であろうと人類が存続する限り守っていくしかないでしょう。一人ぼっちでも希望の原理から排除されてはならないのですから。

《関連文献》

井筒俊彦『意識と本質』岩波文庫、一九九一年

11 〈私〉もまた暗闇の中にありき

眠りに入るのは難儀な仕事です。若いころであれば、どこでも、そしていくらでも眠ることができます。眠ることは、とても楽な仕事だったのですが、年を取るとどんどん大仕事になってきます。いぎたなく朝の眠りを貪《むさぼ》り楽しむことも時々のご褒美として与えられるとしても、稀になっていきます。老化と言って切り捨てる眠楽人も多いのですが、そうとばかり済ませられない事情があると思います。眠ることを妨げるものはさまざま考えられますが、眠らなければならないという、義務感が眠りを妨げているような気がします。

眠ることが安楽な状態への移行であり、昼間の活動からの解放である限り、眠りは快楽です。だんだん快楽ではなくなっていくことに意味があるように思います。

眠ることには、少なくとも老齢の眠りには、怖さが混じっていると思います。眠ることへの恐怖は、眠りにくさにつながっています。眠りは小さな死に似ているのです。それればかりではなく、眠りが表象不可能性の座でもあるからです。私は表象不可能性こそ、解決すべき問題であるように思っています。心の中に表象不可能性をためこんでいくと、澱のように増えていく表象不可能性に場所を奪われ、心は動かなくなってしまいます。

老人になって眠りから目覚めて、そこに待っているのは爽やかな朝の目覚めではありません。早朝目が覚めて眠れないまま時間をやり過ごすのも大仕事です。妄想、後悔、呪い、嫉妬、いろいろな魑魅魍魎《ちみもうりょう》が頭をもたげようとするのを必死で押さえながら、ぎりぎりでしのいでいる、「わーっ」と叫びたい気持ちを抑えながら、布団の中で悶え苦しんでいる人も少なくないと思います。若いころは、そんな人々がいるとは夢にも思いませんでした。

そういうものに悩まされずに、無邪気にすぐに眠りに入り気持ちよく目覚められる人はめでたい人なのです。「それも長くは続かないよ」と、老婆心ながらのよけいなアドバイスをしたくなります。なぜそんな苦難が待っているのでしょうか。心の引きだしの一つ一つに黒くて苦いものが少しずつたまり続けるからだと思います。

引き出しの中の黒くて苦いものが、眠りに入ると中から出てきます。いや、眠りに入るとはそういった黒くて苦いものを整理し直すことではないでしょうか。この黒くて、苦いものが記憶なのです。それは腐敗臭や死臭のする汚泥のようなものです。それを毎晩処理しなければなりません。その意味では眠りとは苦役でしかありません。

子どものころ、真夏の夜外に出るとそこには漆黒の闇が広がっていました。すべてを吸い込む漆黒の闇は理由もなく恐怖の対象でした。闇の中で漂う蛍は、光跡を伴う人魂に見えたりもしました。そこには死のイメージが拭いがたく感じられました。冬であれば、雪が降り積もり、月が出ていなくても何かしら光り輝いていたのです。それに対して、夏の夜の闇は表象不可能性の闇の世界でした。

漆黒の夜の闇はどのような哲学的課題を背負っているのでしょう。私は倫理学的命題の本質についての問いを投げかけているように思ってしまうのです。

「窓を開けよ」「窓を開けるべし」という命題から、「窓を開ける」という事実・記述を差し引くと何が残るのでしょうか。義務から事実を引き算してもよいわけです。似たような話は「腕を上げる」から「腕が上がる」を引き算できるかという話とも似ています。〈引き算学派〉の人々は、義務といった道徳的命題から事実を引き算すると、情緒、指令、直観が残ると考えたり、何も残らないという人々もいます。事実に何を加えると倫理的命題が成立するかと考えても同じことになります。私の頭では、足し算も引き算もできないように思ってしまいます。「哲学的足し算・引き算試験」があったら私はいつも0点です。

倫理的命題が、行為であるとすると、または未来との関わりを含んでいるとすると、そこにはとても難しい足し算が現れてしまいます。現在に何を足すと未来になるのでしょうか。

約束や契約でもよいのですが、事実に何を足すと約束や契約になるのでしょうか。この問題を論じ始めれば、何十冊もの論文集が必要でしょうし、実際にもっと多数の本が書きあらわされてきました。私にはそれを見渡す能力がありません。おぼろげながら私が思うのは、未来との自己契約という概念がわき起こってきて仕方がないのです。古代から考えられてきた目的論は、近代以降非科学的として捨てられました。ただ、倫理的命題は、未来との関わりを持っている以上、未来との間で、そして未来の自分との間で契約を交わさないと、規範性は生じないと思います。

「自己契約」は、どこにも見たことがないでしょう。とても奇妙な概念に見えます。しかし、何らかの自己関係性の中でしか、事実を超えるものが現れてくることはないと思います。

未来に待ち受けている対象は、思考可能でも表象可能なものでもないかもしれません。それを何らかの仕方で名付けることができれば、永遠に到来しないものであったとしても、それを待ち受ける心が成立します。そういった「虚体」（埴谷雄高が使いました、内実を理解できないのですが、ここではこの概念がぴったりです）を、私はオブジェクトと呼んでいます。操作の対象となりながら、それだけを内実とした空虚な存在者です。

表象可能性と夜の闇、言語の限界が表象可能性の限界ではない。知的な操作可能性、いや情緒的な操作の対象も含めて、そういったものをオブジェクトといいます。漆黒の夜の闇、それはオブジェクトたちの祝祭の場なのです。

《関連文献》
松波信三郎『死の思索』岩波新書、一九八三年
山口晃『すゞしろ日記』(一、二)、羽鳥書店、二〇〇九、二〇一三年

12 傷つきやすさ

「愛とは何か」と正面から考えると、決まって分からなくなります。愛はとてもシャイで恥ずかしがり屋なのです。愛のイデアなんてどこにもありません。どこにもないけれど、存在しないということではありません。どこにもないことと存在しないこととは全く異なることなのです。場所を持つというのは、存在の特殊な様相でしかありません。愛とは相手のぬくもりへのいとおしさなのです。ぬくもりは心のぬくもりも体のぬくもりも両方含んでいます。相手がいとおしいとき、そこにいなければさびしいものです。愛がもたらす充足感とは何なのでしょうか。満腹で無邪気に眠る赤子の健やかな寝顔が愛の充足感の原型

だと私は思います。

愛を語るととても難しくなってしまいます。愛はかなり広い概念であるばかりでなく、相反するような契機も含んでいますから、すぐに迷い道に入ってしまいます。愛と倫理学との関係を考える場合、「ケアの倫理」という発想を導入する必要があります。

発達心理学者キャロル・ギリガンは、『もうひとつの声』(一九八二年)において、従来の発達心理学が、男性中心主義に染まっていたことを明らかにしました。それまでの心理学では、立派な大人とは、自己をあくまで他者から「分離」した存在、「自律」の主体として捉える人間観が基礎にありました。独立独歩で生きる人間がモデルになっていました。

ところが、看護・介護、子供の養育、教育においては、他者への世話/ケア(care)が重要で、常に他者への思いやりが必要になってきます。ケアの場面において、相手は傷つきやすい弱い立場におり、対等の立場で競争しあう状況にある存在ではなく、「誰も傷つけられるべきではない」という非暴力の倫理によって守られるべき存在です。平等な立場にあって、自律的かつ理性的に物事を判断し、実行できる人間にふさわしい倫理、これが「正義の倫理(ethic of justice)」と呼ばれます。この正義の倫理が男性中心主義的であるというのは理解できることです。

ケアの倫理は、フェミニズムの倫理学として、脚光を浴びることになります。男性と対抗しようとする第一世代のフェミニズムの後に、女性独自の原理を設定するケアの倫理は、圧倒的な支持と、同時に激しい批判が向けられることにもなりました。

ケアの倫理を女性独自の倫理としてしまえば、性差別を温存するための論拠ともなりますから、このケアの倫理はフェミニズムの運動にとって諸刃の剣でもあったのです。

ケアの倫理について語るべきことは多いのですが、特にここではアリストテレス以来設定されている倫理学の枠組みが、独自の前提を持っていて、唯一の倫理学の立場を主張できるわけではないことを示したことは大きな意義を有していたと思います。

もちろん、倫理学においても、義務論、功利主義、徳倫理学、理想主義、人格主義などさまざまなものがありますが、ケアの倫理学が示したのは、そういった複数の立場もまた「正義の倫理」に含まれてしまい、ケアの倫理とは対立するものであるということでした。

注意すべきなのは、ここで述べる「正義の倫理」は、ジョン・ロールズの『正義論』(一九七一年)だけを念頭に置いたものではないということです。ケアの倫理に立つ人々は、「他者との関係性」に人間の本質を見ようとしますから、自立した人間像を基礎とするロールズの立場を敵と見なし、批判しますが、私は的外れの議論だと思います。ここでは触れられませんが、ケアの倫理とロールズ『正義論』は対立するのではなく、近い立場になっています。

正義の倫理は、平等・対等性という価値を重視します。ところが、ケアの倫理が扱うのは、主として、医療と介護・看護の場面です。ただ、ケアの倫理の本質を、「非対称性、相補性、関係性」において見ようとすれば、ケアの倫理は、もっと広い場面に適用可能になります。親と子、教師と生徒などです。

正義の倫理は、戦いと競争のための倫理学とは言えないとしても、そのなかで体軀を鍛えてきました。対等でなければ勝負になりませんし、等価性は、相手との交渉・契約のための条件であり、それが破られるときに、戦いが始まります。正義の女神は、左手に秤を持ち、右手に剣を持っていますが、倫理学の女神が正義の女神の妹であるとすれば、右手が手ぶらであるとは考えにくいのです。武器を持っているのでしょうか、包帯を持っているのでしょうか。

ケアの倫理は、他者を受傷可能性・傷つきやすさ（vulnerability）において捉えます。これは西洋にばかり見られることではありません。東洋にも、観音様の悲願である、「慈悲（与楽抜苦）」と同じものを見出してよいでしょう。倫理学に東洋も西洋も関係なく、どちらの倫理学が優れているかを論じることは愚かなことです。苦しむ者がいた場合、その相手のために尽くし、その苦しみを取り除いてやることこそ、ケアなのです。

与楽はともかくとして、ケアの倫理は、傷つけないこと、非暴力を重要視します。そしてまた、痛みや悩みといった個別的な苦に対応します。換言すれば、「他者のニーズにどのように応答すべきか」に心を配ります。

こういった倫理は、女性的なものとして捉えられ、女性の倫理学と受け止められもしました。しかしそれであっては、フェミニズムが目指していた男性と女性の対等性に対立し、両者の本質的差異を取り出し、強調するものになってしまいかねません。

ギリガンは、従来の倫理学が男性中心主義的な原理を基礎としていることに批判を向けます。これはフェミニストの倫理学にとって革命的な転換をもたらしました。ここでフェミニズムは新しいフェーズに入ったのです。

《関連文献》
キャロル・ギリガン『もうひとつの声——男女の道徳観のちがいと女性のアイデンティティ』（岩男寿美子監訳、生田久美子・並木美智子訳）、川島書店、一九八六年

13　涙の中の倫理学

私は若いころ人生において涙なんか要らないと思っていました。機械仕掛けの心で生きようと思っていたからなのでしょうが、こみあげてきて押さえきれないものを、情念《パトス》と呼んで、それを押さえろ、苦しく思いたくなければ押さえろ、という倫理学を習いました。それは、人間らしい倫理学ではありません。押さえきれないものこそ情念なのですから。

一枚一枚の棚田に満月が映るように、一つ一つの溜息には名号が宿り、一粒一粒の涙には光が宿っています。泣いて悲しんでいても生きているのはよいこと、理由もなくよいことなのです。

押さえきれない気持ちこそ、日本語では「切（せつ・せち）」という言葉で表現されてきました。「切ない」自分の置かれた苦しい立場においてつらくやりきれない気持ちと説明されています。もともとは「切なり」ですから、感情・感動が胸にこみ上げる様子、心底から求め、願い、愛する気持ちだったようです。「かなし」もまた「愛し、悲し、哀し」で、どうしようもないほどの胸の苦しみであり、それが愛する相手を求める気持ちであれ、苦しい自分の状況についてであれ、同じだったわけですが、時代が経るにつれ、相手を思う気持ちは別の表現で表されるようになっていったようです。

キリシタンの用語に、「御大切」というものがあります。「アガペー」（ギリシア語）、「カリタス」（ラテン語）を日本語にするときに苦労してその語を選びました。カリタスは「愛」と訳されますが、キリシタンが「御大切」と訳した苦労に少し興味が湧きます。「大切」とは「大いに切なること」なのです。相手の涙と泣き声は、心にもはらわたにもグサリと刺さります。

カリタスとは、carusというラテン語から来ています。「貴重である、愛らしい」という意味ですが、それが英語ではケア（care）になります。ケアとキリシタンの「御大切」が結びついてしまうのです。ケアの倫理は、(1)人間を自立した自由な人格を基礎とする発想、(2)等価性や契約を倫理の基本関係とすること、(3)理性的な判断を重視することといった発想に反対し、弱者へのいたわりにおける情緒的な関係性に人間の本質を見出し、非対称性こそ重要な人間関係であると捉えます。

女性的な倫理ということではなかったのですが、当初は女性の立場の囲い込みのための男性に好都合な倫理と考える人もいたようです。だからこそ、フェミニストからも非難されたりしました。

それまでのフェミニズムは、男性原理に勝利するために闘争宣言でしたが、勝敗の原理はあくまで男性の原理のままで、その原理は保存したままで男性を凌ごうとするものでした。

ケアの倫理を打ち立てたキャロル・ギリガンの倫理は、男性主義的な倫理とは別個の視点を提供するものであり、新しい倫理の基本的枠組みを提唱するものでした。それが、「ケアの倫理、世話の倫理」というものでした。その際、男性主義的な倫理として、「正義の倫理」が語られていました。時代的に、正義論としては、ロールズの正義論が盛んに語られていましたから、ケアの倫理と正義の倫理＝正義論が対立するかのごとく、論じられました。しかし、これはとても誤った整理です。正義の倫理が、「正義の味方」へのノスタルジックな、しかし一面的で、悪党を悪魔のごとく抹殺しようという独善と結びつけられてしまったのです。ロールズの正義論は、男性主義的でも、「正義の味方」の独善的抹殺とも、離れた場所に立っています。私は、ロールズの正義論がフェミニズムと対立するとも、ケアの倫理と対立するとも考えていません。そのような理解はよくありますが、問題が多いと思います。倫理学の中で他の理論との分離を強調し、理論の優劣や独自性を主張するのは、男性原理に基づくことと私は感じます。

話を戻します。ケアの倫理は、フェミニスト倫理学と理解されたりもしました。ケアの倫理を女性にだけ結びつけるのは、性差の問題からも、介護や看護を女性にだけ押しつけようとすることになりかねませんから、注意が必要です。「不等性と相互関係」が大事なのです。男性的倫理学である正義の倫理学では、等価性（equality）と自律（autonomy）が重視されます。

ケアの倫理学は、互酬性・互恵性（reciprocity）とは対立します。互酬性とは、相手から為してもらったことを同じもので（in kind）返すことなのです。ケアの倫理では互恵性は求められません。ターミナルケアにおいて、がんで苦しむ者から、何を返してもらおうとするのでしょうか。「いつもすまないね」という言葉を求めてでしょうか。

涙の聖人としてのフランシスコは泣いてばかりいました。泣かないことが立派なのではありません。泣かない人間が強い人間であるわけではありません。人間は泣きながら生まれ、泣きながら生き、泣きながら死んでいくしかないのです。

《関連文献》

ネル・ノディングズ『ケアリング――倫理と道徳の教育』（立山善康・林泰成・清水重樹・宮崎宏志・新茂之訳）、晃洋書房、一九九七年
坂口ふみ『〈個〉の誕生――キリスト教教理をつくった人びと』岩波書店、一九九六年

14　さらば、正義の味方

「正義の味方」という表現があります。正義の味方は悪党をやっつける存在です。「黄金バット」「スーパーマン」「仮面ライダー」「水戸黄門」などなど。悪党は憎たらしい顔をして、人々を苦しめ、悪行三昧で、無情に成敗されるべき存在として描かれます。かたや、正義の味方は最初のうち悪党に苦しめられながらも、最後には悪党を滅ぼします。しかも、見目麗しく、性格もよく、善行を施し人々に愛されます。こういった善悪の分布は公正(fairness)に反しています。なぜウルトラマンは怪獣を打ち倒すことの正当性を立証しないまま立ち去ってしまうのでしょうか。

歌舞伎の世界もおなじことですが、悪と善がこれほど分かりやすく世の中に分布しているとすれば、倫理学を学ばなくとも、悪を斥け、善を広めることは簡単にできそうです。正義の味方とは倫理学をも殺してしまうものなのです。子どものころは、正義の味方になりたいと思うことが普通でしょうが、大人になってみると、正義の味方はヒーローとして存在しているわけではなさそうですし、悪党らしい悪党もそれほど多くはなくて、三分の理を備えている場合も珍しくはないでしょう。そして、生育状況の苦労などを知ると、悪は個人ではなく、社会に帰せられるべきではないかという気持ちになってきます。個人に悪の原因を帰属させるのは、責任の所在を簡単に見つけたい場合には陥りやすい道筋ですが、世の中そんなに単純にはできていないようです。

それにまた、正義の反対概念は「悪」なのでしょうか。悪の反対は善であり、正義の反対は不正というのが一般的な見方です。人間の求める対象が善である以上、「悪」を求める人はいません。善人も悪人も、同じように幸福、名誉、所得、友情を求めます。善人と悪人は人間という種においては同一ですし、本性も同じはずです。悪とは人が求めないところのものなのです。悪党が「悪」であるのは、悪を求めるからではありません。魔女狩りや黒魔術の使い手は、悪を求める存在として描かれ、人間とは異質のものとして描かれましたが、それはあくまで残忍な刑罰を合理化するための方便だったと思います。

悪党が悪であるのは、悪党以外の人にとって悪党の行為が悪だということと考えれば話が簡単です。これこそ敵と味方の関係なのです。正義の味方と悪党の関係は、善と悪の関係ではありません。天使と悪魔が反対のものではないように（悪魔ルシフェルはもともと天使でした）、正義の味方と悪党は反対概念ではないのです。悪党もまた「善」を求めているのであり、悪党の中に正義はあるわけです。

なぜこんな話をしているかと言えば、私たちは「善」を特定の一つのものと考えがちであり、そういった誤解がとても広く行き渡っているからなのです。「善」を金銭、快楽、名誉といった特定のものとして人々は考えたくなります。これはとてもよく分かるし、当然のことなのですが、それはいわゆる「物象化」の誤謬に陥っています。善を真理と並べ、そこに確固たる不変性を見出そうとするのは、危険な発想です。不確かなものでありながらも、それを永遠に求めようというのが、イデア論の意味ではないでしょうか。

善が形なきものであることは、大事ではないと思っていたものでも、盗まれると怒りがわき起こってくることを考えても分かります。乗りにくくて、買い換えたいと持っていた自転車でも、盗まれると哀しく、怒りがわきます。対象そのものよりも、対象との関係、関わりの中に、形あるものを通して求めているものを見つけるのだと思います。

ドイツの政治哲学者カール・シュミットは、人間の行動の最も根源的なものは、敵‐味方関係に基づく攻撃性と自己保存であり、そういったあり方を「政治的なもの」と名づけました。自分の家族を傷つけられた者の怒りは、賠償金などによって償われるものではありません。人間を突き動かす根源的な情念は、利益や快楽を求める気持ちではなく、敵に対する憎しみであり、それは理性や知性を凌ぎうるものであると思います。

「政治的なもの」が人間の根源であるという主張は分かるのですが、それは個体や家族としての生命が弱肉強食の中で生き残ろうとする本性の名残としてあるとは言えないでしょうか。人間が言葉を持ち、共同体を形成するようになったとき、「政治的なもの」は人を激しく突き動かすようになりました。そのあり方は、争い事や勝負事や祭りやスポーツやギャンブルにおいて、命をなげうって、勝ち負けにこだわる姿に残っているのですが、それだけで人間は生きてはいけません。「正義の味方」というのは、そういった古い人間の基層を残したものだと思います。

ジョン・ロールズが『正義論』を著したとき、彼の正義論は、そういった「正義の味方」といった発想からは隔絶したところから話を始めます。

彼の正義論を丁寧に説明する余裕はここではありませんが、ごく概略だけ述べておきます。正義は二つの原理から構成されています。第一原理が自由な平等の原理です。これは読んで字のごとくでして、一番重要視されることを確認しておけばよいでしょう、第二原理は、不平等はどういう場合に認められるかという条件を述べています。第一原理では平等を謳《うた》っていましたから、第二原理では平等が認められない場合もあることを前提にして、どういう場合に不平等が正しいものなのかを考えます。公正な機会均等の原理で、「機会均等」の方は難しくありませんが、「公正」というのは難しくなります。全員に同じ待遇を与えることは、公正であるとは限りません。大学入試でも、機械的に同じ条件で試験すれば、公正な機会均等と言えるのか、意見が分かれます。いずれにしても、不平等を認める前提を考えています。この不平等が、全員の利益を増加させるための条件を考えるのがロールズの正義論の特徴になります。

そして最も重要なのが、格差原理というものです。最も不遇な人の利益を最大限にする場合に、不平等は認められるということです。誤解されることは多いのですが、社会の中で生活保護を受けている人のように、最も自由競争社会の利益が回りにくい人にとって、他のシステムよりも、最大限にその人の状況を改善するのは、どのような不平等な配分システムなのかを考えることです。

私が強調したいのは、この格差原理によって実現される全体の状況が、ロールズの考える互恵性＝お互い様（reciprocity）だということです。これは「同じものを同じものでお返しをする」という普通の互酬性（reciprocity）とは異なっています。

ロールズの正義論は、裁くためにあるのではなく、育てるためにあるのです。悪党を倒すための正義論ほど、ロールズから遠いものはありません。

《関連文献》

カール・シュミット『政治的なものの概念』（田中浩・原田武雄訳）、未来社、一九七〇年

ジョン・ロールズ『正義論　改訂版』(川本隆史・福間聡・神島裕子訳)、紀伊國屋書店、二〇一〇年

15　友達がいないこと

「便所めし」という言葉が、犯罪者を告発するような、弾劾の響きをもって最近用いられました。友達がいないことが非道徳的であり、犯罪に等しいこととして語られたのです。マスコミも「道徳」も、いつも勝利者の視点に立って、弱者を攻めることに汲々《きゅうきゅう》としています。

アリストテレスの倫理学は、正義の倫理学と考えられがちです。アリストテレス倫理学の中心は、一般に徳倫理学と正義論におかれています。けれども、それ以外の要素もいろいろ含まれており、実は懐の深い倫理学になっています。たとえば、意志の弱さ(アクラシア)という論点があります。この問題も一時期、よく論じられたのですが、アリストテレス自身は意志の弱さを認めませんから、中心的な話題にはなりにくいかもしれません。

この「意志の弱さ」というのは、或る行為を善と判断し、そうしたいと思いながら、そ

れを実行できない場合、或る行為をそもそも理解していなかった、正しく判断していなかったと考えることを指しています。私においてはごく普通に起こることです。禁煙できない人や家族の崩壊に気づきながら不倫に走る人の姿を見ていると、意志の弱い人は多いのです。

アリストテレスは、意志の強かった人のようで、認知的な判断は支障なく実践に移されるわけだから、実践に至らないのは、認知上の判断が成立していなかったと考えました。「知りて行わざるは知らざるなり」ということでしょう。アリストテレスは主知主義的であり、分かっていれば実行できるはずだと考えていたのです。ですから、「タバコは体に悪い、タバコを止めたい」と思いながら、禁煙できない意志の弱い人は、判断していなかったということになります。

しかしながら、アリストテレスの中には、そういった主知主義的ではない側面も含まれています。アリストテレスの倫理学において重要なのは、正義論の枠組みです。正義論については、別のところで触れましたが、一番基底にあるのは、「等価性の原理」なのです。「目には目を、歯に歯を」といった同害報復、商品と金銭の交換、損害の賠償等々、人間の社会的行動の基礎にあるのは、等価性の原理と考えられます。経済行為の基本も等価交換ですが、倫理的行為も等価性が基本となります。

アリストテレスの倫理学は、等価性を基本としているのですが、それに還元されないものとして「友愛《フィリア》」ということをアリストテレスは述べています。友愛とは相手の善を考えることで、自分が損をするとか得をすることは考えません。友人のために見返りを考えないで、尽くすということを考えてもよいでしょう。これは「役に立つ」かどうかということを基本としていません。

この世の中では「そんなことをして何の役に立つのか」といった疑問が非難がましく語られたりします。等価性の原理からすれば、たとえ損をしても得を取れ、ということがありましたが、友愛においては損のしっぱなしということもあります。しかしこういった友愛が倫理的行為において、等価性の原理、または帰結主義とは別個の基本原理となります。重要なのは結果ではないのです。

友愛の原理は、友人のためだけに使用されるのではなく、家族や恋人や医療などにおいても重要な役割を演じます。ケアの倫理ということが最近よく語られますが、この「ケアの倫理」も友愛という非対称的な原理を基本としています。「見返り」を求めない心と言い換えてもよいでしょう。

友愛《フィリア》とは、相互応酬的な行為と考えられています。互酬性（reciprocity）というのが、とても難しい。義理、人情、愛情のもつれはすべてこの互酬性に起因するといってもよさそうです。

互酬性は、経済的交換と社会的交換における等価性に基づく交換です。経済的交換では何を交換するかが大事で「誰と」交換するかは大事ではありませんが、社会的交換では「何を」交換するかよりも、「誰と」交換するのかが大事になります。贈与に対する何らかの便益が返礼として返される関係です。

「見返り」を求めない心も古びていき、憎しみに転じていく場合も少なくありません。家族においても相応の家事の負担や、友情においても応分の負担を求めるようになり、不均衡が募ると不信や憎しみがわいてくる場合があります。相手のためであれば何でもしてあげようという気持ちにおいては、「何を」も「どのように」も「どれほど」も気になりません。すべては「誰と」交換するのかだけです。「何を、どれほど」交換するかは、社会的交換では二次的なものですが、愛も友情も慣れてくると、赤の他人と同じような交換形式に転じてしまいます。

友愛は本来等価性とは異なる原理で動くものです。したがって、正義の原理とは別個のものです。だからこそ、家族は犯罪者の息子を匿《かくま》うのですし、「どちらか一つを選べ」といって、一本化しようとするのは、倫理学の多元性を損ないます。そして、この友愛こそ、キリスト教倫理においては、「友愛の愛」として受けとめられ、ケアの倫理までつながっていく概念なのです。
互酬性を二者関係で捉えては、鏡像反射的に抜けられない循環に陥るので、それを社会的関係にまで広げて捉えようとしたのが、ロールズでした。彼の互酬性は言葉としては同じでも中身が異なります。だからこそ、「互恵性＝お互い様」という訳語が選ばれたりするわけです。友達がいないことを責めるのではなく、同じ目線で寄りそう倫理学が必要だと私は思うのです。

《関連文献》
アリストテレス『ニコマコス倫理学』（上下、高田三郎訳）、岩波文庫、一九七三年（岩波書店『アリストテレス全集』、京都大学学術出版会『西洋古典叢書』など複数の翻訳がある）

16 倫理学も真理へと強制されるのか

落語に枕というのがあります。世間話をして、客の顔を見ながら、今日の出し物を決めるのです。同じことは、講演会なんかにもあります。「話すことも決めないで出て行くんですか！」と怒る人もいるかもしれません。私も講演会に慣れていないときは、話すことを全部原稿にして、それを読み上げるようにしていたのですが、これだとあまり盛り上がりません。原稿を読み上げると、臨場感や緊張感がなくなるようです。基本的な大筋の話は決めておいて、あとは客の顔とその反応を見ながら話を進めていく方が受けはよいように思います。

一期一会と言ってもよい。客観的真理を話すと言うよりも、人を見て法を説け、というやつで、その場面で真理は現れてくるわけです。倫理もまた同じだと思います。

ふと思いついたのですが、倫理学は笑う学問なのでしょうか。倫理学を「大真面目大明神」として崇める人々は激怒するでしょう。多くの人は、大魔神のような恐い顔をして、説教するのが倫理学だと思っています。確かに怖いですね。倫理学にもいろいろあると思います。泣く倫理学とか怒る倫理学とか。しかし、怒る倫理学に対しては、人々は敬して遠ざけます。思わず人が耳を傾けるような落語の話のように、倫理学が人々を誘惑し、懐に入り込むものでなければ、倫理学がハビトゥスとして定着することは夢のまた夢でしかないでしょう。

真理は唯一のものであるとしても、倫理は一つしかないものなのでしょうか。いや、真理は一つというよりも、一つに定めなければならないことを真理と呼んでいるのかもしれません。言葉が言葉として流通するためには、特に契約などの厳密さを必要とする行為においては、強い同一性が求められます。その場面では、真理への強制が重要です。

しかし、善の場合はどうでしょうか。善はきわめて多様なものです。近代以降の民主主義においては、リベラリズムが主流であり、その考え方において、善は多様です。善が多様であるからといって、倫理学が多様であることには結びつきません。対象の複数性は、対象を探求する営為の複数性を導き出したりはしません。

しかしそうではありながらも、倫理学は一つのものからしか成り立たず、唯一性を求めて、勝利を求めて、残りの倫理学を消滅させずにはいられないものなのでしょうか。倫理の複数性はなりたたないのでしょうか。倫理が勝者を決めるためのものであれば、一つの倫理しかないでしょう。裁くための倫理もまた一つのものとして君臨しようとします。勝ち負けを決めなければならないのですから。しかし倫理に勝ち負けは馴染むのでしょうか。倫理は勝者の味方なのでしょうか。倫理は、強い者に正当性の根拠を考え出す、強い者や権威ある者や支配者や政府の回し者なのでしょうか。

倫理学の複数性とは、「あれかこれか」と一つ一つを選択させ、もう一方を断念するのではなく、人々が選択する余地や、相補的に二つの倫理学を併用することも可能とするかもしれません。真理が一つであれば、闘争が起こってしまいます。今でも、正義の倫理かまたはケアの倫理か（またはリベラリズムかケアの倫理か）という論争がありますが、ケアの倫理は相補性（complementary）を重んじますから、二つに一つというように、選択を迫る発想とは相容れないのです。

二つあっても、どちらか一方しか正しくないとすれば、人々は正しさを求めて焦り、争います。どちらも正しければ焦ることもなく、争うこともしません。

この相補的な関係が見出されるのが、母‐幼児、医師‐患者、教師‐生徒といった関係です。不等性とも言えますし、非対称性（asymmetry）ということもできます。平等・対等な関係ではありません。ここにも倫理学が成立し、重要な場面を形成します。倫理学は、アリストテレス以来、対等性・等価性を基本としてきました。交換の正義にしても、契約概念にしても、対等性・等価性を基本としています。

主人と奴隷、君主と臣下といったような権力の違いがあるところでは、一方的な命令関係が存在することになります。君主と臣下の関係は、主従の誓いに基づく契約関係なのですが、契約が成立してしまえば、一方的な命令関係が生じてしまいます。これは政治的関係であって、倫理的な関係にはなりにくいわけですが、そういった力の上での落差がある場合の倫理的関係として「パターナリズム（父権的温情主義）」というのがあります。一方が、知識、権力、温情において一方的独占していて、それを弱い方に対して、恩恵として施してやるという姿勢です。パターナリズムにおいて、弱者の方は無知・無能・無倫理の立場と考えられています。

ケアの倫理も、寝たきりの認知症の患者に対してパターナリズムに近づくことがないとは言えないとしても、基本的に相補的な関係を想定します。相補性とは、相異なる二つの事物・人間において、両者が一緒になって、能力・性質・物理的性質において、有益・魅力的なものを形成する場合のあり方です。お互いにとって望ましいことです。

倫理学は、「怒って、叱る倫理学」というイメージがあるかと思います。自分の悪い行いを告白させ、反省を求め、説教し、「……せよ」の命令または「……するな」という禁止を口癖にする教師というイメージがあります。

「べし」と「するな」から構成された倫理学、厳格すぎて「倫理マシーン」のようになってしまった倫理学者は、いくら高潔でも誰からも近づかれない存在となりそうです。

「したい」からできあがった倫理学はありえないのでしょうか。私の考えでは、倫理学は高潔なものではありません。規則としてあるのではなく、適用されるべき場面で、体臭のように体に染みこんで、洗っても拭いきれなくなったようなものしか、機能する倫理学とはなりません。染みこんだ倫理学であれば、末期の苦しみの中でも脱ぎ去ることはできないのですから。

上から規則や命令として課されるのではなく、内面・内奥、いや自分の中心からわき上がってくる倫理学を手にしたいのです。私が「ハビトゥス」という概念にこだわるのは、そういった内面や深層から意識や思考の促しや禁止にもかかわらず生じてきて、人間を導く原理を知りたいからなのです。

このハビトゥスという概念は、倫理学ではアリストテレス以来語られてきたものでしたが、中心的な位置は近世以降失ってしまいます。そして、意識や思考とは別の審級に宿るものとして、自己を突き動かすものとしてのハビトゥスは、中世倫理学では、信仰・希望・愛という神学的徳として盛んに論じられたのです。

《関連文献》
山内志朗『天使の記号学』岩波書店、二〇〇一年

17　人生に目的はない

なぜ人間は怠け者なのでしょうか。目標に向かって着々と進んでいく姿には喜びと充実

があります。ぐずぐずとためらって進まないのは「目的」に危うい契機が潜んでいて、それを察知しているためでしょうか。

事実はいつも二重の存在、二枚重ねの存在だと思います。潜在性、規範性、倫理性、希望、そういったものはこの二重性を分有しています。だからこそ、万人のなかに仏性を見出すことは、事実に絡み取られ、事実の中で腐敗していくことが事実であると確認して、世界は事実だけから構成されていると考えることに強く反対することなのです。

人間は天使ではないがゆえに、おぞましい欲望に追い回され、腐敗し、消えてゆく。そういった「人間性」が、永遠の輝きを帯びうることを述べたのが、イデア論ではなかったのでしょうか。ソクラテスも死して、腐敗していけば、そこにはおぞましさと汚穢《おわい》と醜怪さしか見えないでしょう。骸骨はあまり美しく見えません。事実を事実としてしか見られない者にとってはそうです。それだけなのでしょうか。そう見る者の認識を誤りとして断罪しようとは思いません。

私は真理や正しさの強制力を眼の前にすると、心が「注意せよ！」と叫ぶのです。なぜ人間は存在することを考えにくい「神」や「仏」や「死後の世界」を考えてきたのでしょうか。迷信と思う者は迷信と思えばよいのでしょう。不幸になりたい人は不幸になればよいし、人生の目的が見つけられない人は見つけなければよい、そして死んでいけばよい。

事実は救済する力を持っているのでしょうか。事実の中に埋葬されて、人生は終わるということでしょうか。

怠ける者は何を怠けるのでしょうか。働かない人が大儲けして、働いても働いても儲からない人がいる社会があるのは動かしがたい事実です。競馬や宝くじで大金を手にする人がいる一方、朝から晩まで懸命にバイトしてもわずかなお金しかもらえない状況があります。

そのような状況では真面目に働くのはバカらしいことです。働かないで儲けられる道があるとすると、こちらを選ぶ人も多いでしょう。こちらの道は、有り金すべてを失うリスクを背負っているということになります。すると、働かないで儲かる方を選ぶ人が多いでしょう。働くのがいやだという若者は多いのですから。働かないとヒマで、することがなくなると、興奮と刺戟《しげき》に充ちた世界が欲しくなって、ギャンブルや薬物に走るという自己破壊行為に走る人の話はよくマスコミを賑わします。小人閑居して不善を為すと言われますが、小人のままで考えていきましょう。

未来は決定されていて変更できない。真理は真理のままで必然的に成立しているのだから、未来の試験で合格するかどうかは決まっている。勉強しても落第するのであれば勉強しても仕方がない。勉強しても合格することが決まっているから勉強する必要はない。いずれにしても勉強する必要はない、という議論があります。合格の代わりに金持ち、勉強の代わりに仕事を入れれば、「怠け者の論理」が成立します。

そこには真理や必然性に関する大きな誤解があります。真理という言葉は欺く力を大きく有しています。たとえば、真理が客観的にあるという主張はよく分かりますが、たとえそれを認めたとしても、真理を成立させる根拠や原因が客観的に存在するとは限りません。命題の真理ということで、それが成立させる根拠を事物の側に求めがちですが、命題やそれを成立させる言葉というものはきわめて人為的に構成されたものです。しかしだからといって相対主義を主張したいわけではありません。

ロールズがリベラリズムを主張したのは、相対主義や懐疑主義に陥るためではありません。命題は否定を受容することができ、疑問文への変換を容易に認めるもので操作に適した構成物です。疑問文が与えられるとそれへの答えを求め、答えが与えられると、探求する精神は安心してしまうところがあります。問いにおいて求められているものが「答え」であるということを、人間精神は信じ込まされ、そして信じ込もうとしてきました。しかしながら、ソクラテスにおいて「徳とは何か」という問い、プラトンが立てたイデアという問いの構造は、すぐに安心しようとする心を挫《くじ》くために問題設定だったと思います。「人生の目的とは何か」「幸福とは何か」といった問いに対して、主要な目的（dominant ends）といったものはありませんし、答えの多様性を許容し、答えがないからこそ、人生は生きるに値するわけです。しかし、いかなる答えもなければ、人間は行方の定めなさに不安になり、具体的な答え、「事物」のように目に見えて、分かりやすい答えを求めます。リベラリズムは、そういった目的を自由に自立的に設定できる者こそ、人格としての尊厳を有し、その尊厳を基盤として自己の価値を打ち立てられると考えます。

具体的に措定された目的を破壊し続けながらも、新たな目的を一人一人が勇気を持って作り続けようとすることが、自由の意味でしょう。波が壊し続ける砂の山や、鬼が朝晩壊しにくる小石の山も、それを作り続けようとする意志が存在する限り、その力の中に同一性と実体性があります。それを力への意志と呼ぼうが、コナトゥスと呼ぼうが、我執と呼ぼうが、存在と呼ぼうが、どうでもよいことかもしれません。真理は生命を凌ぐ価値を持っているわけではありません。真理への暴力的駆り立てに対しては怠けた方がよいのかもしれません。

《関連文献》

國分功一郎『暇と退屈の倫理学　増補新版』太田出版、二〇一五年

18　悪と暴力性、あるいはサディズムとは何か

倫理学では、ストア派以来、アンチ・ヘドニズム（反快楽主義）が主流を占めてきました。ヘドニズムの首領となる功利主義でさえも、快楽については無制限の享受ということではなく、快楽の加算性を前提し、七つの尺度（快楽の強度、持続性、確実性、近接性、豊富さ、純粋性、範囲）を設定し、快楽計算を行います。快楽を管理しようとします。しかしながら、そもそも快楽は量的な計算に馴染むものなのでしょうか。一元的なものなのでしょうか。青空にかかる虹の姿を一回見ることと、饅頭一個を食べることとでは、大小比較ができるとは思えません。

サディズムとマゾヒズムというと、日常語化していますが（SMなどなど）、その原型においては、能動と受動、暴力性と嗜虐性という相補的な関係性が存在しています。等価交換＝互酬性（reciprocity）が何らかの仕方で成立しているようにも思えます。

ここでサディズムに「正義の倫理」と同構造が成立しているということが言いたいのではありません。倫理や政治性の起源には、悪と暴力性があるということを確認したいので

す。政治性の起源に暴力性があるということは、さまざまに指摘されてきました。倫理の起源についてはどうでしょう。野口武彦は、江戸時代の歌舞伎に「悪の形而上学」の顕現を見て取ります。

> 作者と享受者との道徳倫理のタテマエを、感覚のホンネが裏切っているとでも考えなければ説明がつかないだろう。舞台にくりひろげられる「悪」の行為への生理的共感をさえともなった戦慄、極限状況を生きる悪人たちが放散するサスペンス、そして血しぶきとともに生首が飛び、女が拷問に苦悶し、娘が犯され、兄妹とは知らぬ男女が契る殺し場や濡れ場の濃厚な官能性。そうした「悪」の形象が庶民の抑圧された欲求の浄化作用的代行である、とするのは例の怨念批評的な常套句である。
>
> （野口武彦『江戸百鬼夜行』）

野口によると、江戸における「悪」の形而上学の本質は、「悪」の倫理的否定とその蠱《こ》惑《わく》の感覚的肯定にあります。悪と暴力が人心を蠱惑するというのです。「蠱」というのは、器の中に虫を入れ、共食いさせて生き残った虫の毒気で敵を呪うことだそうです。人間の中に潜む虫のごとき欲望を喚起する技法なのでしょう。

同じ論点が、カイヨワの思想にも見られます。カイヨワは『戦争論』第二部で「戦争の眩暈《めまい》」を語ります。そこでは、暴力と殺戮に驚喜する兵士たちの姿が描かれています。ここにある「眩暈」という論点は、倫理学的にとても重要な概念です。人間の精神は、欲望と対象、手段と目的、行動規則とその遵守といった合理性（rationality）に還元されない、「化物」を抱えています。

カイヨワが遊戯論で取り出した、遊戯の契機には、競争《アゴン》、賭け事《アレア》、模倣《ミミクリ》、眩暈《イリンクス》という四つがあります。そして、小真面目な理性を嘲るごとく、遊戯を戦争と結びつけます。カイヨワの遊戯論と戦争論は、功利主義的な倫理学や他の倫理学を土台から転覆させようとするような論点に満ちています。

競争、賭け事、模倣というのは、「何のために」という問いを拒絶するところがあり、生命を賭けてしまうことがあるのを見ても分かるように非合理な行為です。行為を説明するには、「なぜ」という問いによって、「理由」が与えられることで正当化されます。ところが、遊戯に理由はないのです。

眩暈とは何でしょうか。眩暈とは、カイヨワの整理によると、一時的に知覚の安定を破壊し、明晰な意識を官能的なパニック状態に陥れ、一種の痙攣、失神状態、あるいは茫然自失をもたらすことです。眩暈とは、有無を言わせず乱暴に、現実を消失させてしまうのです。眩暈は、薬物に典型的に見られるように、維持されるべき普通の現実、日常生活を破壊してしまいます。カイヨワの遊戯論の重要性は、権威や規範性や日常性の起源が非合理性にあり、その非合理性から合理性が成立しているように見えることを説明していることです。

宗教現象もまた、この眩暈を儀式などにおいて取り込みます。眩暈は神秘主義においてみられるだけでなく、宗教現象一般の根底にあるものです。カイヨワは祭りと戦争に共通な性質を見出します。眩暈が引き起こす社会的な痙攣という事態です。

戦争のひき起こす眩暈の病的な面を無視することはできない。それはある種の犯罪や残虐行為の根源にみられるものであって、戦争の暴力はずっと以前から、それが表に現われる機会であった。これらの犯罪や残虐行為の割合は、集団生活が機械化されきびしいものとなってゆくにしたがって、増大するように思われる。

（カイヨワ『戦争論』）

祭りも戦争もともに社会の痙攣であり、社会が沸点に到達する状態なのです。両者は興奮の絶頂を出現させる点で共通し、一つの絶対状態として現れ、眩暈と神話を生み出すのです。

カイヨワの指摘で重要なのは、事実を統制する規範性、政治性、権威の起源が、社会契約でも生物学的な自然本性でもなく、合理性でもなく神との契約でもなく、非日常性にあると指摘したことです。非日常性こそが規範性の起源であり、その非日常性を立ち上げるために、「血の沸騰」が契機として用いられたのです。「血の沸騰」こそ、復讐、戦争、テロを引き起こしていると思います。正義や徳といった、キレイゴトだけいうのではなく、「血の沸騰」を理解し、それをクールダウンする方法が、現代の倫理学であるように思います。

《関連文献》

野口武彦『江戸百鬼夜行』ぺりかん社、一九八五年
ロジェ・カイヨワ『戦争論――われわれの内にひそむ女神ベローナ』（秋枝茂夫訳）、法政大学出版局、一九七四年
ロジェ・カイヨワ『遊びと人間』（多田道太郎・塚崎幹夫訳）、講談社学術文庫、一九九〇年

19 〈私〉への救済と〈私〉からの救済

〈私〉については、本当にたくさんのことが書かれてきました。〈私〉を生きることは〈私〉を実現することないし達成することという、プロテスタント的な〈私〉観が有力なものとして存在していますが、古来、生きることが〈私〉を仕上げて完成するというよりも、救済を求めてのことだったように思います。「ピンピンコロリ」を願う老人は、救済を求めて寺社に参詣するのであり、〈私〉を仕上げるとか「家」の名誉繁栄などは考えないでしょう。

〈私〉をめぐる基本的思考は、大ざっぱな分け方ながら、「自己への救済」を求める枠組みと、「自己からの救済」を求める枠組みに分けられるように思われます。〈私〉とは何かが問われるとしても、この二つの思想のベクトルのどちらを取るのかによって、全く異なった様相を呈するように思うのです。

たとえば、宗教に関して乱暴に整理すれば、宗教も或る程度発展すると、「自己からの救済」を目標にする類型と、「自己への救済」を目標とする類型に分かれると言われています。前者の典型が仏教であり、後者の典型がキリスト教とされています。もちろん、仏教にも例外はあろうし、キリスト教についてもさまざまな但し書きが必要でしょうが、ここでは拘泥する必要はないでしょう。

「自己への救済」を目標とする類型は、自己の内面に徹底的に沈潜することで救済を得ようとします。その類型においては、救済されるべきなのは、この〈私〉、しかも神の似姿を自己の内部に宿したものとしての〈私〉なのです。アウグスティヌスは神の三位一体が、人間精神の内に、記憶・知性・意志という三つの心的能力として宿っていると考えました。神を己の外に探しても見つからないというのです。日本の修験道でも似たような論点があります。最終的に出会われるべき霊峰のご本尊とは実は自分自身なのです。生命の危険を冒して、遠回りして、時間をかけて出会わなければならないのです。

似たようなモチーフはどこにでもあります。西洋では、世俗から隔絶した修道院の中で、「孤」の状態において、「個」を求めること、それは神とヴェールを介することなく、顔と顔を合わせて出会うことを求めることだったのです。そこでは、「孤」と「個」の結びつくことは、個体の存続・維持ということに帰着して、それが最終到達点となるわけではないのです。自分を獲得することが最終目標ではないのです。特に、キリスト教神秘主義においては、自己放棄のモチーフがしばしば強く現れます。

確かに、「個＝孤」の根底に入り込むことは、自己の消滅につながりそうにも見えます。しかしその場合でも、自己は捨て去られるべきものではないと捉えられています。「個体的な自我、個別的な魂の問題が中心にあるキリスト教にあっては、自我からの解放はつねに、それが同時に自我へ向かっての解放を意味するというかたちでしか考えられない」（カッシラー『シンボル形式の哲学』）という整理はその辺りの事情をよく表しています。

確かに、キリスト教神秘主義の中には、脱我や解脱に近い概念が存在し、それが目指される場合があります。たとえば、中世ドイツの神秘思想家エックハルトです。エックハルトは、人間は完全な無であり、どんな人でも自分自身を徹底的に捨て去らねばならぬ、と述べるのですが、しかし、それでも、小さい火花（Fünklein）、つまり「魂の内にあり、創造されることのない、創造することのできない光」は残ると語ります。

この火花は、父にも子にも聖霊にも、すなわち各々がその固有性にあるかぎり、三位の位格にも、けっして満足することがない。（中略）この光は、単純にして静寂な神的有、与えることも受けることもないこの有に満足しない。この光はむしろ、このような有がどこに由来するかを知ろうとして、単純なる根底へと、父であれ子であれ聖霊であれ、いかなる区別もうかがい知ることのできない静寂なる砂漠へ赴こうとする。そしてここ、誰も住まいするもののないこの最内奥においてはじめて、この光は満ち足りるのである。その内では、この光は、それ自身の内にあるよりもさらにいっそう内的である。

（エックハルト『エックハルト説教集』岩波文庫）

「存在の砂漠」、つまりすべての区別が消滅した世界においても、己の中にともる「小さい火花」は消えることはありません。

これとは対極的に「自己からの救済」を目標とする類型においては、自己が存在する限り輪廻から解脱することはできないと考えられます。自己の滅却こそが、苦しみの永劫回帰である輪廻から脱出につながると考えますから、〈私〉とは逃れ去り、捨てられるべきものなのです。〈私〉を捨てる方法には死ぬことがありますが、だからといって「自己からの救済」を求める思想は、自己の存在の消去としての「死」を必ずしも熱望するわけではありません。

仏教の経典には、次のような一節があります。

水も無く、地も無く、火も風も侵入しないところ……、そこには白い光も輝かず、暗黒も存在しない。そこでは月も照らさず、太陽も輝かない。（中略）さとりの究極に達し、恐れること無く、疑いが無く、後悔のわずらいの無い人は生存の矢を断ち切った人である。これがかれの最後の身体である。これは最上の究極であり、無情の静けさの境地である。一切の相が滅びてなくなり、没することなき解脱の境地である。

（『ブッダの真理のことば・感興のことば』）

ここでは、魂の中の炎は吹き消され、静けさの境地を照らす炎は存在していません。確かに、死は静けさの境地の最も分かりやすいシミュレーションでしょう。しかし、同一のものであるはずがありません。悟りや解脱は、確かに苦悩からの脱出でありながら、生存からの脱出ではないのですから。死が苦からの脱出とは限らないのですから。焼けたフライパンを飛び出して炎の中に入り込んでしまわない証拠はありません。生は苦であるという前提から出発しながら、生を捨て去るのではなく、生にとどまる立場にあり続けること、これは、彼岸をどのように描き、どのように根拠づけるかということとは独立に、現世を保ち続ける最初の文法であると思います。彼岸と現世はいつも双子の兄弟なのです。〈私〉からの救済を願う人は、人間嫌い、世界嫌い、存在嫌いに陥りがちです。その思想の歪曲した末流には、〈私〉というのは、世界から切除されるべき腫瘍に似ていると捉える立場が存在しています。絶えざる苦しみにありながら、生を続ける者もあれば、一時の苦しみから生を絶つ者もいます。

人生とは何なのでしょうか。苦の多寡、喜びの有無は、そこでは肝要ではありません。比較などは成り立たず、死しか心にないでしょう。〈私〉とは治療されるべき病であると考える者に、「生命・個人の尊厳」や「生命の喜び」や「存在の意味」を説く者は愚かであるように思います。岬の先端に立って、ためらう人間を後ろから突き飛ばす行為に似てはいないのでしょうか。

哲学もまた、〈私〉への救済と、〈私〉からの救済という二つのベクトルを合わせ含んでいると思います。デカルト以降、「〈私〉への救済」モデルが主流になってしまいましたが、「〈私〉からの救済」というモデルは、東洋においてばかりでなく、西洋においても二大主流の一つになっていたと私は思います。「汝自身を知れ」とか「我思う故に、我あり」という格率だけでは、不十分なのです。〈私〉に向かうベクトルにおいて展開される思想と、〈私〉から遠ざかるベクトルにおいて展開される思想とは、やはり分けて考えておかねばならないのです。

《関連文献》

カッシラー『シンボル形式の哲学』（全四巻、木田元訳）、岩波文庫、一九八九～九七年

『ブッダの真理のことば・感興のことば』(中村元訳)、岩波文庫、一九七八年

20 〈私〉とは何か

〈私〉はいまどこにいるのでしょうか？

毎日見慣れている光景が、不思議に見えることがあります。たとえば、教室で講義を行い、多くの学生がノートにペンを走らせる光景もその一つです。この何気ない光景は、気が遠くなる程に長い過程を経て形成されたものですし、またそのプロセスが損なわれることなく機能し、一つの行為に結実した結果、無限の複雑性を蔵した出来事なのです。ですからそれ自体不思議なことのはずです。ところが、それより不思議なのは、その光景が何ら特異さも希少性も感じられずに当たり前のこととして生じていることです。退屈な毎日と感じてしまう人もいるのです。

確かに、日常性とは、当たり前の世界です。そこには驚きも不思議さもありません。毎日太陽が昇り、沈むことを驚くことはできます。子どもが泣き疲れて、親も世話に疲れて、静かな寝息だけが残ることもそうです。さまざまな物の姿が、多様な色彩をともなって鮮

明に見えることへの驚きでもよいでしょう。見えるということの徹底的に不思議な事態、いや私が〈今・ここ〉にいること自体が驚異です。一足の歩みも一回の瞬きも奇蹟です。

なぜ日常性は驚きをもたらさないのでしょうか。自然全体が奇蹟に満ちているし、いかに退屈で平凡な日常性も途方もない異常を孕《はら》んでいるはずなのに。もしかすると、陳腐でありきたりの日常が求められているのでしょうか。驚くことに疲れ果てているためなのでしょうか。

ここでの問題は〈私〉ということです。〈私〉ということも、とりあえず日常性の中に埋没していることとです。驚きを喚起する力は弱いのでしょう。しかし、本当にそうなのでしょうか。若いころには、「本当の自分」がどこかに存在すると考える傾向がありますし、「本当の自分」を獲得すること、自己実現こそが人生の目的であると教唆する人々がいます。「本当の〈私〉とは何か」という問いには、ずいぶん青臭いところがあり、「十四歳病」と言われたりもしました。中学二年生のときには考える子どもじみた問いという意味でしょう。

もし〈私〉が驚きを喚起することができるとすれば、「〈私〉とは何か」という問いを通してでしょう。とは言え、「〈私〉とは何か」は、本当に問いなのでしょうか。確かに問いの形をしていますが、問いではないのかもしれません。スフィンクスの謎と同じように、疑問形をしていますが問いではないのかもしれません。謎の場合、答えは問いの向こう側にあるのではなく、手前にあるように思います。しかし、問いの手前にあるというのはどういうことなのでしょうか。

二〇年ほど前のことです。私は自分の子どもの出生に立ち会うことができました。今でもその時のことを鮮やかに覚えています。その時、私が感じたのは、生命の誕生への感激、医学が進歩しても出産という行為自体は原始的であること、「産みの苦しみ」が産む者に当然のものとして課せられていることへの懐疑などさまざまなものがありました。そして、それ以外にも多くのことを「リアル」に感じることができたのです。

さまざまな感情、いや身体の興奮にも近かったのですが、そういう経験をしながら私は、何かしら不思議な感じを抱いていました。一つには、生の誕生に立ち会いながら、私は確実に死ぬ者であることを強く感じたということです。ここに新しい生命が誕生した以上、生命が無限に増えていくことはできない以上、私が死んでいくのは当たり前のことではないのか、という思いです。自己の存在を日々蝕んでいく死というのは、生が産まれ出るための基礎・大地であるということが当然のことと感じられたのです。

〈私〉の中でのみ、〈私〉ということを考えることはすぐに袋小路に入り込むと思います。自分の奥底に隠され、私的なものと見なされる性欲も、〈私〉の欲望などではなく、〈私〉

の背後に控えている種（人間性）の欲望なのかもしれません。快楽も同様です。種の本性は欲望を個人に課し、その課題を持て余すようにしむけ、最も私的なものとして秘匿させ、そこから得られる快楽を占有したように思い込ませているのかもしれません。

「人はなぜ死ぬのか」、このことは考えたくはないけれども、誰でもこういう問いが気になる。私の場合も、子どもの姿を見たとき、答えが得られたのではありません。ただ、目の前に事実が存在し、その事実を受け入れてしまったように感じました。「人はなぜ死ぬのか」という問いには、「人は死ぬ」という事実でもって答えるしかないことに気づいたのです。問いという小賢しい働きは事実に跳ね返されてしまいます。ここでも問いの答えは問いの手前にあると思います。

子どもの出生の時に抱いた感情にはもう一つありました。「私は今ここにいる」という実感でした。それ以前のこととなると、いつごろからか知らないのですが、物事をリアルに感じることができなくなっていました。目の前に起こることは喜びも悲しみも引き起こさず、普通の人ならばこう感じるはずだという推理によって、または規則によって感情を持っていました。規則がある以上、嬉しいことは喜ばねばならなぬ義務・課題だったのです。認識が感情を引き起こしていました。喜びがないことを喜ばねばならぬことは、大嫌いな食べ物を無理やり食べることと似ています。

私は強引に他人の肉体に住み込まされ、しかも生きている間ずっとよそよそしい肉体を与えられ、この世に住まわされているように思っていました。望遠鏡で見る風景のようにしか、世界は見えませんでした。目の前にある世界はいつも遠い世界で、手の届かない世界でした。なんだかいつも他人の世界に生きているようでした。自分に対して自分は傍観者でした。私の経験は、たとえ体が痛み、心が苦しくても、他人事でしかないような日々だったのです。

リアルなものは何一つないのです。いくら苦しくても。人間は紙人形のように薄く（ペーパーマン）、そして目の前にいる人間は、目の前で話し合いながらも、月の裏側にいる人間のように遠いのです。にもかかわらず、もし世界と衝突せずに生きていくとしたら、自分に課せられた他人の肉体を制御し、そこから得られる情報を管理するための規則が必要になります。必要なのは、感情ではありません、規則と義務だけ必要なものです。獲得すべきなのは、当たり前の感じ方・普通の感じ方で、それを推理と読書によって手に入れようとしました。大学で教え、家庭を持つようになってそんな感じ方は減ってはいたのですが、心の底には、その残滓《ざんし》を引きずっていました。

しかしながら、産室の殺風景な光景、もがき苦しむ妻、事務的に事を進める看護師と医者、血だらけで泣き声を上げる我が子は、映画の中の一シーンではなく、眼の前の出来事でした。白黒の映画を眺めている立場から、総天然色での舞台の演者へと引きずり出されてしまったのです。何もできないデクノボウ、傍観者が舞台に立たされてしまったのです。映画のシーンならば目をそむけることができます。そこには目をそむけられないものがありました。そこには、「私の人生」があったのです。目の前にあることはやはり目の前にあるのであって、望遠鏡で見た世界としてあるのではない。当たり前のことが当たり前にあるのに、当たり前ではないこと、そこには汲めども尽きない驚きの源泉があると思います。驚かなくなってしまったとき私は死ぬべきです。

当たり前の事実のなかに、不思議さがあるとすれば、その不思議さと同じくらいの不思議さが〈私〉ということにはあるはずです。それは何なのでしょうか。私が、「〈私〉とは何か」ということで知りたいのは、その不思議さ＝暗闇のことなのです。

《関連文献》

スピノザ『エチカ――倫理学』(上下、畠中尚志訳)、岩波文庫、一九五一年

後書き

三田哲学会叢書の一冊としてこの小著を刊行できることは光栄なことです。

18章に拙稿「サディズムについての形而上学的考察」、（『ユリイカ』、二〇一四年九月号）、19章と20章に、拙稿「「私」とは何か」、『ビオス』（第二号、哲学書房、一九九六年）を部分的に改稿して用いました。

哲学も倫理学も、内部にいる人にはその抽象性によって足にからんでつまずかせ、そして新しく踏み込む人々には小石を投げつけるように抽象概念をぶつけて怪我をさせてしまいます。傷つきやすさを重視し、傷つけないことを目標にする思想がなぜそんなことをしてしまうのでしょう。倫理を学ぶとは、マシーンになることではなく、風になることだと私は思います。

この本も倫理学が傷つけないことを目指すものであることを示すために書いたのですが、書いた本人は傷だらけで、読む人にもいばらだらけの本になってしまったかもしれません。

人生はいつだって傷だらけです。ご容赦ください。

いつも傷だらけで付き合ってくれる編集者の村上文さんには心から感謝したいと思います。

著者

二〇一五年九月

山内志朗（やまうち　しろう）
1957年生まれ。慶應義塾大学文学部教授。著書に、『普遍論争——近代の源泉としての』（平凡社ライブラリー）、『天使の記号学』（岩波書店）、『「誤読」の哲学——ドゥルーズ、フーコーから中世哲学へ』（青土社）など多数。

慶應義塾大学三田哲学会叢書
小さな倫理学入門

2015年10月20日　初版第1刷発行
2023年12月15日　初版第7刷発行

著者——————山内志朗
発行——————慶應義塾大学三田哲学会
〒108-8345　東京都港区三田2-15-45
http://mitatetsu.keio.ac.jp/
制作・発売所——慶應義塾大学出版会株式会社
〒108-8346　東京都港区三田2-19-30
TEL〔編集部〕03-3451-0931
〔営業部〕03-3451-3584〈ご注文〉
〃　03-3451-6926
FAX〔営業部〕03-3451-3122
振替　00190-8-155497
https://www.keio-up.co.jp/
装丁——————耳塚有里
組版——————株式会社キャップス
印刷・製本———中央精版印刷株式会社
カバー印刷———株式会社太平印刷社

Printed in Japan　ISBN978-4-7664-2276-4

「慶應義塾大学三田哲学会叢書」の刊行にあたって

ars incognita

このたび三田哲学会では叢書の刊行を行います。本学会は、1910年、文学科主任川合貞一が中心となり哲学専攻において三田哲学会として発足しました。1858年に蘭学塾として開かれ、1868年に慶應義塾と命名された義塾は、1890年に大学部を設置し、文学、理財、法律の3科が生まれました。文学科には哲学専攻、史学専攻、文学専攻の3専攻がありました。三田哲学会はこの哲学専攻を中心にその関連諸科学の研究普及および相互理解をはかることを目的にしています。

その後、1925年、三田出身の哲学、倫理学、社会学、心理学、教育学などの広い意味での哲学思想に関心をもつ百数十名の教員・研究者が集まり、相互の学問の交流を通して三田における広義の哲学を一層発展させようと意図して現在の形の三田哲学会が結成されます。現在会員は慶應義塾大学文学部の7専攻（哲学、倫理学、美学美術史学、社会学、心理学、教育学、人間科学）の専任教員と学部学生、同大学院文学研究科の2専攻（哲学・倫理学、美学美術史学）の専任教員と大学院生、および本会の趣旨に賛同する者によって構成されています。

1926年に学会誌『哲学』を創刊し、以降『哲学』の刊行を軸とする学会活動を続けてきました。『哲学』は主に専門論文が掲載される場で、研究の深化や研究者間の相互理解には資するものです。しかし、三田哲学会創立100周年にあたり、会員の研究成果がより広範な社会に向けて平易な文章で発信される必要性が認められ、その目的にかなう媒体が求められることになります。そこで学会ホームページの充実とならんで、この叢書の発刊が企図されました。

多分野にわたる研究者を抱える三田哲学会は、その分、多方面に関心を広げる学生や一般読者に向けて、専門的な研究成果を生きられる知として伝えていかなければならないでしょう。私物化せず、死物化もせずに、知を公共の中に行き渡らせる媒体となることが、本叢書の目的です。

ars incognita　アルス　インコグニタは、ラテン語ですが、「未知の技法」という意味です。慶應義塾の精神のひとつに「自我作古（我より古を作す）」、つまり、前人未踏の新しい分野に挑戦し、たとえ困難や試練が待ち受けていても、それに耐えて開拓に当たるという、勇気と使命感を表した言葉があります。未だ知られることのない知の用法、単なる知識の獲得ではなく、新たな生の技法（ars vivendi）としての知を作り出すという本叢書の精神が、慶應義塾の精神と相まって、表現されていると考えていただければ幸いです。

慶應義塾大学三田哲学会